F. J. K.

Schicksalsjahre eines Mannes

Sexueller Missbrauch eines Mannes, der mit 11 Jahren als Kind von seiner eigenen Tante vergewaltigt und missbraucht wurde

Bibliografische Information
der Deutschen Nationalbibliothek:

Die Deutsche Nationalbibliothek
verzeichnet diese Publikation in
der Deutschen Nationalbibliografie.
Detaillierte bibliografische Daten
sind im Internet über
http://www.d-nb.de abrufbar.

Alle Rechte der Verbreitung,
auch durch Film, Funk und Fernsehen,
fotomechanische Wiedergabe,
Tonträger, elektronische Datenträger und
auszugsweisen Nachdruck,
sind vorbehalten.

www.vindobonaverlag.com

© 2021 Vindobona Verlag

ISBN 978-3-949263-01-9
Lektorat: Mag. Elisabeth Pfurtscheller
Umschlagfoto: Hikrcn | Dreamstime.com
Umschlaggestaltung, Layout & Satz:
Vindobona Verlag

Gedruckt in der Europäischen Union
auf umweltfreundlichem, chlor- und
säurefrei gebleichtem Papier.

Der eigene Geburtstag ist für Kinder heute einer der schönsten Tage des Jahres. Sie feiern mit Freunden, Familien und zelebrieren mit vielen Geschenken und Wohlstand die schönste Zeit ihres Lebens. Was aber ist, wenn dieser Tag von der Weltgeschichte überlagert wird? Am 8. Mai 1945 ging in Europa offiziell der Zweite Weltkrieg zu Ende. Deutschland hatte den Krieg verloren. Das deutsche Volk aber war befreit worden.

Auch wenn es sich für viele zunächst nicht so anfühlte. Bei Kindern, die am 8. Mai Geburtstag hatten, lief die private Geschichte mit der Weltgeschichte zusammen. Für sie begann ein neues Lebensjahr, für die Welt aber eine neue Zeitrechnung. Auch mein Erzeuger war russischer Kriegsgefangener. Er hatte Glück und konnte nach ein paar Monaten aus der Gefangenschaft fliehen. Durch Zufall ist er in meiner Heimatstadt gelandet, wo er meine Mutter kennenlernte.

Am 12.11.1945 wurde meine Schwester geboren, zunächst unehelich. Drei Monate später heiratete mein Erzeuger meine Mutter. Anschließend hat er meine Schwester adoptiert und als seine eigene Tochter anerkannt. Der Krieg war vorbei, viele Angehörige der Kriegskindergeneration hörten damals oft den Satz von ihren Eltern: Du warst immer so ein fröhliches Mädchen! „Was ist aus all den Menschen geworden?", fragte man sich oft.

Was sollte man von diesem Satz halten? Liest man in veröffentlichen Kindheitserinnerungen, die einen beachtlichen Umfang erreicht haben, wird deutlich, dass es kein Grund gab, fröhlich zu sein. Meine Mutter hatte, bevor sie meinen Erzeuger kennenlernte, einen Lehrer aus einer anderen Stadt kennengelernt. Er wollte sie heiraten – hätte sie damals nur zugestimmt, wäre uns ihr viel Elend erspart geblieben.

Mein Erzeuger entwickelte sich nämlich früh zu einem Alkoholiker. Er hatte keinen Respekt vor meiner Mutter und wenn er zu viel Alkohol getrunken hatte, wurde sie von ihm verprügelt. Ihre Seele wurde krank, sie blieb aber wegen uns Kindern bei ihm.

Früher war es so: Wenn man geheiratet und sich vor Gott die Ehe versprochen hatte, in guten und in schlechten Zeiten, dann hielt man daran fest, egal was passierte. Meine Mutter hatte große Angst vor meinem Erzeuger.

Der 8. Mai 1945 wird sich vermutlich nicht unterscheiden von den anderen Tagen der heutigen schlimmen Coronakrise, die wir in den letzten Monaten erlebt haben. Doch diesen Tag sollten wir ausnahmsweise feiern: und zwar den Tag der Befreiung Deutschlands.

Denn vor 75 Jahren, genau am 8. Mai 1945, war der Zweite Weltkrieg zu Ende. Die deutsche Armee ergab sich ihren Gegnern, ohne Bedingungen zu stellen, sie kapitulierte letztendlich.

Schließlich hatten wir, die Deutschen, den Krieg angefangen und viele Länder in Europa verwüstet. Überall waren Städte durch Bomben zerstört worden. Es fuhren keine Züge, die Fabriken, Schulen und U-Bahnen waren kaputt, komplette Stadtteile waren nur noch Ruinen.

Millionen von Menschen hatten ihre Heimat verloren. Wie sollte es jetzt weitergehen? Der deutsche Diktator Adolf Hitler hatte unser Land in den Krieg geführt. Die letzten Tage aber hatte er sich in seinem Bunker in Berlin versteckt.

Als er erkannte, dass der Krieg verloren war, setzte er seinem Leben ein Ende und brachte sich um. Hitler war tot, seine Regierung abgesetzt. Alles, aber auch alles musste neu aufgebaut werden. Unsere Väter und Mütter in den zerstörten Städten waren müde.

Sie waren allerdings froh, überhaupt noch am Leben zu sein. Jeder hoffte, dass die Sieger (Besetzer) keine Rache erstrebten, sondern ihnen helfen wollten, ein neues friedliches Deutschland aufzubauen.

Die Erwachsenen waren wie benebelt. Viele hatten bis zuletzt den Worten Hitlers geglaubt, den Krieg gewinnen zu können.

Das war natürlich ein Trugschluss. Die Kinder waren froh, keine Angst mehr vor den Bomben zu haben.

Endlich konnten sie draußen spielen und nachts auch durchschlafen. Man hoffte, dass die Schulen bald wieder öffneten. Die amerikanischen Soldaten, die Deutschland besetzt hatten, warfen den Kindern Schokolade und Kaugummis zu.

Als Kind sammelt man Wörter, täglich kommen neue hinzu und man lernt die wichtigen von den weniger wichtigen zu unterscheiden. Krieg gehörte zu dem früheren Wortschatz der Menschen. Durch die Besatzer wurden wir Kinder und unsere Eltern immer daran erinnert.

Viele Männer waren noch vermisst oder in Kriegsgefangenschaft, weil sie als Soldaten ihren Kopf für Hitler hingehalten haben. Über mehrere Millionen befanden sich in russischer Gefangenschaft. Erst allmählich kehrten sie weit aus dem Osten des Landes, von Sibirien nach Hause zurück.

Arbeit gab es damals genug, schließlich musste ja unser zerbombtes Land wiederaufgebaut werden. Die Wirtschaft explodierte, es herrschte kaum Arbeitslosigkeit. Fernseher gab es damals noch nicht und so saßen unsere Eltern in der Küche vor dem Radio zusammen.

Die Erwachsenen wollten Radio hören. Die Kinder wurden ermahnt: „Pssst, seid ruhig!" Etwas Seltsames ballte sich in unserer Küche zusammen. Der Zweite Weltkrieg lag gerade einmal fünf Jahre zurück, als die Angst vor dem Dritten Weltkrieg aufstieg, denn in Korea brodelte es enorm.

Die deutschen Frauen übernahmen nun schwere körperliche Arbeiten. Man nannte sie auch die Trümmerfrauen, die den Kriegsschutt wegräumten. Sie klopften Ziegelsteine sauber, damit man sie wiederverwenden konnte.

Für die geleistete Arbeit erhielten sie Gutscheine, für die sie Lebensmittel kaufen konnten. Denn etwas anderes gab es zu diesem Zeitpunkt noch nicht zu kaufen. So langsam kam aber das Leben wieder in Gang.

Ich wurde am 25.11.1947 geboren und erlebte eine wohlbehütete Jugend. Die Kriegsvergangenheit zeigte auch damals noch in vielen Familien Spuren bis in die zweite und dritte Generation hinein.

Jetzt meldete sich die Generation der Kriegskinder zu Wort. Als Friedenskinder sind sie in den Zeiten des Wohlstandes aufgewachsen. Die Generation zwischen 1947 und 1960 hatte mehr Fragen als Antworten.

Viele hatten damals das Gefühl, nicht genau zu wissen, wer man ist und wo man hinwollte. Wo lagen die Ursachen für dieser Angst vor der Zukunft? Viele von ihnen blieben kinderlos. Noch war es für sie ein völlig neuer Gedanke, sich vorzustellen, ihre tiefsitzende Verunsicherung könnte von den Eltern stammen, die ihre Kriegserlebnisse noch nicht verarbeitet hatten.

Es ist aber durchaus möglich, dass die Zeit der Vergangenheit so stark in ihr Leben als nachgeborene Kinder hineinwirkt. Doch in welchem Ausmaß und über welchen Zeitraum wir Kinder die Nachkriegszeit mit uns herumschleppten, werde wir wohl nie erfahren.

Damals fanden umfangreiche Untersuchungen von Psychologen und Ärzten statt. Gerade bei den Jahrgängen 1945/47. Dass man sich auch für Spuren eventueller Kriegsfolgen interessierte hätte, darüber ist in der langatmigen Einleitung kein Wort gefallen.

In diesem Projekt, finanziert aus dem Marschall-Plan, wurden die Daten von über 4.000 Schülern ausgewertet. Aus heutiger Sicht erscheint es fast wie eine damalige Besessenheit, wie die Körper der Kinder bis ins Kleinste vermessen wurden.

Die Ergebnisse wurden penibel aufgelistet, um sie mit diversen Krankheiten in Verbindung zu bringen.

Schon damals haben sich einige Menschen immer wieder gefragt, welche wissenschaftliche Methode damit verfolgt werden sollte.

Der Laie, Vater, Mutter, ja selbst die Lehrer haben sich wenig darum gekümmert, wie viel Prozent der deutschen Kinder von irgendwelchen Krankheiten betroffen sind. Jedes vierte Nachkriegskind hatte damals kein eigenes Bett.

Über 30% hatten damals ein gesundes Gebiss, das heißt, bei zwei Dritteln war das nicht der Fall. 10% hatten Scharlach, 6% Diphtherie überstanden. Kinder aus ärmlichen Verhältnissen brachten schlechtere Noten nach Hause.

Das gab uns einen tiefen Einblick in den Mechanismus, der aus Druck und Anpassung bestand. Wie kommen die Kriegskinder und die Friedenskinder miteinander aus? Wie funktioniert die Beziehung zwischen Generationen, die auf zwei völlig unterschiedlichen Planeten aufgewachsen sind?

Wenn Eltern über die verheerenden Erlebnisse ihrer Kindheit redeten, als hätte ihnen das alles nichts ausgemacht, wie z. B. „das war für uns Normalität", haben sie das Erlebte nur verdrängen wollen.

Im Unterschied zu den 1950er-Jahrgängen haben Menschen, die ein Jahrzehnt später geboren wurden, einen weitaus geringeren Bezug zur Vergangenheit. Für sie ist es kaum vorstellbar, dass die deutsche Geschichte auch noch in ihr heutiges Leben hineinwirken kann.

Dafür gibt es einfache Gründe: der zeitliche Abstand, das weitverbreitete Schweigen in den Familien und natürlich eine Aversion gegenüber NS-Themen, weil man während der Schulzeit eine Überdosis davon eingetrichtert bekommen hatte.

Nicht zu wissen, was vor der eigenen Geburt geschehen ist, heißt, immer ein Kind zu bleiben. Mit Kindern meine ich hier eine Altersgruppe, die zu großen Teilen der „Generation Golf" Geborenen zugerechnet wird.

Die Generation Golf ist durch und durch konsumorientiert und vor allem von den 60er-Jahren geprägt, dem langweiligsten Jahrzehnt des 20. Jahrhunderts. Man ahnte damals nicht, dass man einer Generation angehörte, für die sich das ganze Leben, selbst an Montagen, anfühlte wie die träge Bewegungslosigkeit eines Sonntagnachmittags.

Ich möchte noch hinzufügen, noch ahnte die Generation Golf auch nicht, dass mit Globalisierung, Finanzkrise, und Arbeitslosigkeit völlig andere Themen als Konsum auftauchen würden.

Noch ahnten wir nicht, dass wir der ersten Nachkriegsgeneration angehörten. Man war zu gehemmt, um die Älteren mit ihrer Maßlosigkeit und ihrem Desinteresse an gesellschaftlicher Zukunftsgestaltung zu konfrontieren.

Sie ahnten nicht, dass die Sechziger- und Siebzigerjahrgänge maßgeblich an einem folgenreichen gesellschaftlichen Phänomen beteiligt sein würden – und zwar an der Kinderlosigkeit.

Nur zu oft hörte ich die Kriegskinder über sich sagen, ihnen fehle der feste Boden unter den Füßen. Dabei waren sie als Friedenskinder in den besten aller Zeiten aufgewachsen.

Zumindest im Westen von Deutschland hatte es ihnen an nichts gemangelt. Für die meisten war es ein völlig neuer Gedanke, sich vorzustellen, ihr verunsichertes Lebensgefühl könnte von den Eltern stammen, die sich noch immer nicht von den Kriegserlebnissen erholt hatten.

Ich frage mich: „War es die vergangene Zeit, die nun über 60 Jahre zurücklag, die so stark in ihr Leben als Nachgeborene hineinwirkte? Und wenn ja, warum wussten sie nichts davon?"

Nun zu mir, am 01.04.1954 wurde ich eingeschult und hatte meinen ersten Schultag. Anfänglich hatte ich großes Interesse daran, zu lernen. Noch nie hatte es in Deutschland eine Generation gegeben, der es plötzlich so richtig gut ging.

Doch man weiß wenig über sie, man redet auch nicht darüber, was geschah. Jetzt nach langen Jahren des Schweigens öffneten sie sich und begannen über das, was sie erlebt hatten, zu reden. Damals spricht ein Psychoanalytiker namens H.E. Richter von einer verschwiegenen, unentdeckten Welt.

Man sagte ihnen: „Seid froh dass ihr noch lebt! Vergesst alles und schaut lieber nach vorne. Eure Väter waren im Feld, in Gefangenschaft, denen erging es viel schlimmer als euch heute." Die Fünfzigerjahre und somit die Zeit des Wirtschaftswunders und des Neuanfangs machte sich zunehmend bemerkbar.

Wir Nachkriegskinder wurden aber in Familien hineingeboren, die Kriegserlebnisse und Erfahrungen von Gefangenschaft, Vertreibung und Schuld belasteten.

Nachkriegskinder sind die Jahrgänge bis 1960 in Deutschland. Unsere Eltern waren keine Kriegskinder, sondern haben als Erwachsene den Krieg voll erlebt und mitgemacht. Unsere Väter waren überwiegend Kriegsteilhaber.

Heute fangen wir Kinder an, uns mit unserer Jugend zu beschäftigen. Wir wollen viel von damals wissen – darüber, wie uns das Leben in der Nachkriegszeit geprägt hat. Im Grunde verlief meine Jugend sehr harmonisch, bis auf einige Erlebnisse, über die ich hier berichten möchte.

Heute bin ich 72 Jahre alt und sehr vital und voller Tatendrang. Mich beschäftigen aber einige furchtbaren Erlebnisse aus dem Jahr 1958, die ich in all den Jahren nicht verarbeiten konnte. Tief in meiner Seele sitzt das Erlebte.

So verbrachte ich als Kind oft meine Ferien bei meiner Tante und Onkel. Sie waren kinderlos, meine Tante wollte immer eigenen Nachwuchs haben, es hat aber nicht funktioniert. Als Ersatz, so vermute ich heute, hat sie mich in den Ferien zu sich geholt.

Sie verwöhnte mich mit Süßigkeiten, Schwimmbadbesuchen, Spaziergängen usw. Sie hat den Alltag so gestaltet, dass ich mich bei ihr sehr wohlfühlte. Und so kam ich immer in den Ferien zu ihnen.

Ich möchte erwähnen, dass ich im Schlafzimmer von meiner Tante und Onkel geschlafen habe. Eines Tages – ich war gerade einmal elf Jahre alt – war mein Onkel arbeiten und ich alleine mit meiner Tante zu Hause.

Sie lag noch im Bett, ich ebenfalls, ich konnte zu ihr hinübersehen, sie deckte sich auf und ich konnte sehen, dass sie nur ein kurzes Hemdchen anhatte und unten war sie nackt.

Sie lächelte zu mir herüber, ich war aber so verwirrt, dass ich im ersten Moment gar nichts damit anfangen konnte, sondern verlegen zur Seite schaute. Sie lachte, deckte sich wieder zu und schlug abermals die Bettdecke wieder weg, sodass ich alles sehen konnte.

Für mich war das sehr befremdend und ich fühlte mich schuldig, dort hingesehen zu haben. Sie machte sich einen Spaß daraus. Nach einer Weile stieg sie aus ihrem Bett, ging zur Toilette und kam wieder ins Schlafzimmer zurück.

Ich war zunächst so durcheinander und wusste nicht, wie ich mich verhalten sollte. Sie blieb ganz dicht an meinem Bett stehen, sodass ich ihre Vagina voll sehen konnte.

Plötzlich wuchs in mir eine Neugierde. Ich schaute sie deutlich an und irgendwie wurde ich innerlich erregt. Sie merkte das natürlich, tat aber so, als würde sie das nicht berühren.

Danach sagte sie zu mir: „So, du musst jetzt ins Bad und duschen." Ich bin dann aufgestanden und – ich erinnere mich – hatte eine Erektion, drehte mich zur Seite und ging an ihr vorbei ins Bad.

Es dauerte keine Minute und sie stand hinter mir und meinte, sie müsste mir den Rücken einseifen und mich abduschen, was auch geschehen ist. Danach ging ich wieder ins Schlafzimmer und zog mich an.

Sie war noch im Bad duschte sich und kam nackt, wie Gott sie schuf, an mir vorbei und zog sich ebenfalls an. Danach haben wir gemeinsam in der Küche gefrühstückt.

Es war Sommer, schön warm und sie machte den Vorschlag, mit mir ins Schwimmbad zu gehen, was wir auch taten. Der Tag verging harmonisch, es war für mich wunderschön.

Aber die Bilder von morgens gingen mir nicht mehr aus dem Kopf. Ständig sah ich sie in Gedanken nackt vor mir – was mich irgendwie erregte. Zu Hause angekommen, es war so gegen 17:00 Uhr, saßen wir gemeinsam auf dem Balkon und sonnten uns.

Mein Onkel kam stets gegen 21:00 Uhr nach Hause. Ich saß also auf dem Balkon, meine Tante kam hinzu, aber nur mit einem knappen Slip und BH bekleidet. Sie setzte sich mit angewinkelten Beinen auf den Stuhl.

Ihr Slip war etwas groß und gewährte mir tiefen Einblick zwischen ihre Beine. So konnte ich ihre roten Schamhaare im Schritt sehen, mehr aber nicht. Sie schälte Kartoffel und tat so, als wäre alles nochmal.

Dann fing sie an, mich auszufragen. Ob ich schon einmal eine nackte Frau gesehen hätte, ob ich das gerne einmal richtig sehen möchte usw. Ich verneinte das zunächst und dann ging sie in die Küche, um das Abendessen vorzubereiten.

Etwas später sagte sie zu mir: „Komm, lass uns Fangen spielen!" Ich lief in der Wohnung herum und sie hinter mir her und wollte mich fangen. Ich lief ins Schlafzimmer, sie fing mich ein, legte mich auf ihr Bett und zog mir meine Unterhose runter.

Mir war das sehr peinlich und ich trat nach ihr und schrie: „Hör auf damit!" Sie fasste mich an meinem Penis an und meinte: „Der ist aber nicht groß!" Ich hätte im Erdboden versinke können.

Der Tag meiner Abreise kam näher. In drei Tagen musste ich wieder zu Hause sein. Meine Tante meinte: „Wenn du das nächste Mal zu mir kommst, zeige ich dir viele schöne Dinge einer Frau. Du darfst aber niemanden davon erzählen, dass du mich nackt gesehen hast, sonst kommst du ins Heim."

Ich muss gestehen, auf der einen Seite war das alles es sehr befremdlich, auf der anderen Seite wuchs meine Neugierde. Ich wurde von meinem Onkel drei Tage später mach Hause gefahren.

Anfänglich war ich sehr verwirrt darüber, was ich bei meiner Tante erlebt hatte. Allerdings muss ich gestehen, dass ich auf den nächsten Besuch im kommenden Sommer gespannt war.

Die Zeit verging, ich hatte große Lernschwierigkeiten in der Schule. Dann waren da mein brutaler Vater, der meine liebe Mutter misshandelte, und das Erlebte bei meiner Tante. Ich war auf einmal nicht mehr ich selbst.

Das Schlimmste war: Ich konnte und durfte mit niemanden darüber sprechen. Das hat mir meine Tante immer und immer wieder eingetrichtert. Sie meinte: „Wenn das jemand erfährt, wird es schlimm für dich!"

Auffallend oft hörte ich Kinder der Kriegskinder über sich sagen, ihnen fehle der feste Boden unter den Füßen, und so erging es auch mir. Dabei waren wir als Friedenskinder in den besten Zeiten aufgewachsen.

Zumindest in Westdeutschland hatte es uns an nichts gefehlt. Oder doch? Es war für die meisten ein völlig neuer Gedanke, sich vorzustellen, ihr verunsichertes Lebensgefühl könnte von den Eltern stammen, die sich nicht von den Kriegserlebnissen erholt hatten.

Und teilweise traf das auch zu, in meinem Fall wenigstens. War es möglich, dass eine Zeit, die nun schon einige Jahre zurücklag, so stark ihr Leben veränderte und in es hineinwirkte? Die Kriegskinder brachen ihr Schweigen und stießen damit bei Kindern jener vergessenen Generation, also bei den Kindern der Kriegskinder, vor allem bei den Angehörigen der Sechzigerjahre, auf große Resonanz.

Die Kriegskinder machten mir gegenüber deutlich, wie Mutter und Vater, ehemalige Flüchtlingskinder, durch Vertreibung und durch den Neubeginn in einer größtenteils feindseligen Umgebung Zeit ihres Lebens belastet blieben.

Ich erfuhr von einem extremen Misstrauen und dass sie nicht aufhörten, sich über die Zukunft existentielle Sorgen zu machten, auch dann bei jedem Missgeschick verunsichert waren.

Die immer wiederkehrenden Familiengeschichten bestätigten den wissenschaftlichen Befund unserer Eltern: Sie wollten nicht die schwere Schuld an die Nachkommen weitergeben.

Unsere Eltern waren nicht dazu in der Lage und konnten uns Kindern in den frühen und damit den entscheidenden Jahren nicht ausreichend Halt geben. Sie waren immer traumatisiert und musste das Vertrauen ins Leben erst wieder erlernen.

Es gab Zeiten, in denen nicht nur Eltern, sondern auch Ärzte glaubten, kleine Kinder seien äußerst robust, ja fast schmerzunempfindlich und sie würden selbst von größten Vergangenheit wenig behalten haben.

Als Beweis wurde stets der selige Schlaf der Kleinen angeführt. Sie alle waren davon überzeugt, sie besäßen noch keine Antennen für die Gemütsverfassung der sie umgebenden Erwachsenen, und lobten die beruhigende Wirkung der realistischen Zeit.

Aber das Gegenteil trifft zu: Kinder sind äußerst feinfühlig – doch das unterschätzte man. Wir Kinder, wir spürten selbst jenes Grauen, das unsere Eltern tief in sich vergraben hatten und deshalb nicht mehr in ihrem Bewusstsein haben.

Wenn Mutter und Vater in ihrem eigenen Lebensgefühl und in ihrer Identität verunsichert waren, konnten sie uns Kindern wenig Orientierung geben. Wir Nachkriegskinder wünschten uns stets ein normales Familienverhältnis.

Ich bin mit 11 Jahren von meiner eigenen Tante, die ich in den Ferien besuchte, vergewaltigt worden. Über Einzelheiten werde ich später noch ausführlich berichten. Zunächst jedoch möchte ich von der katastrophalen Ehe meiner Eltern erzählen.

Die Heirat war der Anfang einer Odyssee für meine Mutter. Zunächst bemühte sich mein Erzeuger in der Ehe noch und zeigte sich von seiner besten Seite. Doch es kam für meine Mutter alles anders, als sie es sich gewünscht hätte.

Die Ehe meiner Eltern verlief bald mehr schlecht wie recht. Bei meinem Erzeuger (Vater) zeichnete sich damals schon ab, dass er dem Alkohol sehr stark verfallen war. Man sah aber einfach darüber hinweg, denn man sagte sich: „O.K., er war im Krieg, wurde verwundet und er verarbeitet den schrecklichen Krieg mit Alkohol."

Damals hatte man noch nicht so viel Geld, um sich Alkohol kaufen zu können. Man schenkte dem Alkohol daher keine so große Aufmerksamkeit. Es wurde toleriert und hingenommen. Meine Mutter schluckte alles hinunter.

Die Jahre vergingen. Laut meiner Mutter und Oma war die Freude groß, als ein Stammhalter – also ich – geboren wurde. Ich merkte dann mit einem Mal, dass mein Erzeuger meiner lieben Mutter, wenn er betrunken nach Hause kam, stets Gewalt angetan hatte.

Er achtete immer darauf, dass meine Schwester und ich nicht in dem Raum waren, wo er sie verprügelte. Wir hörten nur das Wimmern und Weinen meiner Mutter. Das alles ging stets recht schnell vorbei, denn er war so betrunken, dass er sich meist danach ins Bett legte und einschlief.

Meine Mutter lag dann in dem Zimmer, wo auch meine Oma schlief. Am darauffolgenden Morgen tat mein Erzeuger so, als wäre nichts geschehen. Im nüchternen Zustand war er ein Nichts – eine absolute Null, dumm und asozial.

Die Jahre vergingen und es zeichnete sich ab, dass mein Erzeuger immer mehr dem Alkohol zugetan war. Meine Mutter hat sehr darunter gelitten. Aber was sollte sie machen: zwei Kinder, die großgezogen werden müssen und das Leben noch vor sich hatten.

Meine Mutter war eine aufrichtige, liebevolle und intelligente Frau. Sie arbeitete als Buchhalterin ganze Tage im Supermarkt, um zur finanziellen Misere, in der wir uns befanden, etwas beizutragen. Mein Vater hat nach wie vor immer mehr getrunken und wurde immer brutaler gegenüber meiner Mutter.

Meine Schwester und ich litten sehr unter diesen Umständen. Mit sechs Jahren wurde ich eingeschult. Zunächst hatte ich großes Interesse, etwas zu lernen.

Doch plötzlich kämpfte ich mit großen Lernschwierigkeiten in der Schule. Meine Gedanken waren immer dieselben: „Was passiert heute wieder, wenn er abends betrunken nach Hause kommt?"

Meine Schwester und ich wurden tagsüber von meiner Oma betreut. Als ich etwas älter wurde und manche Geschehnisse begriff, die sich in unserer Familie abspielten, hatte ich große Ängste im Alltag.

Ich schaffte es immer gerade so, in das nächste Schuljahr zu kommen. Wenn ich frühmorgens zur Schule ging, hatte ich immer nur einen Gedanken: „Hoffentlich kommt mein Erzeuger heute nüchtern heim."

Eines Tages, ich teilte mit meiner Schwester ein Zimmer, hörten wir, wie unser Vater total betrunken nach Hause kam und mit unserer lieben Mutter zu streiten begann. Es wurde so heftig, dass er ihren Kopf gegen die Wand schlug, die an unser Schlafzimmer angrenzte.

Wir lagen in unseren Betten, kauerten uns unter der Bettdecke und ich begann zu weinen. Konnte gar nicht verstehen, wie es dazu kommen konnte. Meine Schwester verhielt sich vor lauter Angst ganz ruhig.

Das ganze Ereignis dauerte etwa 15 bis 20 Minuten. Dann war es still, da sich mein Vater wie immer ins Bett legte und einschlief. Meine Mutter schlief im Wohnzimmer auf dem Sessel ein. Meine Oma schlief auch in dem Zimmer auf einem Schlafsofa.

Am anderen Morgen ging mein Vater aus dem Haus zur Arbeit und tat so, als wäre am vergangenen Abend nichts passiert, und verhielt sich so, wie sich ein Vater verhalten sollte. Wenn er Alkohol getrunken hatte, hatte er sich nicht mehr unter Kontrolle und wusste anscheinend nicht, was er in diesem Moment tat.

Teilweise war so wenig Geld vorhanden, dass wir kaum etwas zu essen hatten. Damit wir unseren Hunger stillen konnten, sagte eines Tages mein Vater zu uns, wir machen heute Soppen. „Soppen?", dachten wir. „Was ist das?"

Es ist trockenes Weizenmischbrot, in etwas größere Würfel geschnitten und in Malzkaffee mit Zucker eingeweicht. Das hat unsere Mägen gefüllt und wir sind satt ins Bett gegangen.

Ich hatte solche Angst, verfiel in Depressionen und habe bis zu meinem fünften Lebensjahr ins Bett uriniert. Meine Mutter ging mit mir zu einem Arzt, der mich in ein Kindererholungsheim einweisen ließ.

Dort verbrachte ich sechs Wochen und hatte mich mit anderen Kindern, die sich in der gleichen Situation wie ich befanden, sehr wohlgefühlt. Nach dieser Zeit habe ich nicht mehr ins Bett gemacht.

Ich muss gestehen: Wenn mein Erzeuger nüchtern war, war er der Vater, den man sich nur wünschen konnte. Er schenkte uns Aufmerksamkeit, machte auch einmal Späße mit uns, so wie ein Vater sein sollte.

Nur eines habe ich vermisst: Er nahm uns niemals in den Arm, so wie das Eltern mit ihren Kindern machten. Er konnte es wahrscheinlich nicht.

1955 wurde meine jüngere Schwester geboren, sie war noch einmal ein Nachzügler, worüber wir uns alle sehr freuten. Sie bekam den Namen Conny, diesen Namen fanden wir so schön, weil damals Cornelia Froboess so aktuell war.

Es war im Jahr 1960, Heiligabend. Wie saßen alle – d. h. meine Mutter, meine Oma, mein Onkel und meine beiden Schwestern – im Wohnzimmer um den geschmückten Tannenbaum.

Es war alles so friedlich, wir sangen Weihnachtslieder, packten die Geschenke aus und wollten den Abend miteinander genießen.

Gegen 20:30 Uhr kam plötzlich mein Erzeuger nach Hause. Er war total betrunken und fing aus nicht erklärbaren Gründen mit meiner Mutter zu streiten an. Mit einem Mal prügelte er auf sie ein.

Nachbarn holten die Polizei. Es kamen zwei Beamte und stellten unseren Erzeuger zur Ruhe.

Unsere Mutter nahm uns schnell an der Hand, es lag draußen 10 cm hoher Schneematsch und es war kalt. Wir waren dünn gekleidet, alle hatten nur Hausschuhe an, und liefen zu unserem Onkel, dem Bruder von meiner Mutter.

Dort hatten wir dann den restlichen Heiligabend verbracht und auch geschlafen. Am nächsten Tag gingen unser Onkel und ein Polizeibeamter mit uns heim. Da stand mein Erzeuger mit einem fiesen Lächeln vor uns und meinte nur: „Na, ihr seid ja wieder da!"

Eine Entschuldigung kam nicht über seine Lippen. In den Arm genommen hat er uns nie. Er konnte es wahrscheinlich nicht, weil er zu Hause selbst als Kind keine Liebe empfangen hat.

Meine Mutter hingegen nahm uns oft in den Arm, drückte uns ganz lieb und tröstete uns, wenn wir Sorgen hatten. Ebenso machte das auch unsere Oma. Zu den beiden hatten wir ein sehr enges Verhältnis.

Mein Erzeuger hatte in frühen Jahren Müller gelernt. Dieser Beruf starb allmählich aus. Er suchte sich Arbeit auf dem Bau, zunächst als Hilfsarbeiter, später war er dort LKW-Fahrer – dabei verdiente er etwas mehr Geld.

Aber sein Alkoholmissbrauch wurde immer schlimmer. Ich erinnere mich, damals wurden den Bauarbeitern wöchentlich, freitags, mit einer Lohntüte ein Abschlag bar ausgezahlt und am Monatsletzten wurde dann die Abrechnung gemacht und ebenfalls bar ausbezahlt.

Immer wenn er seine Lohntüte freitagabends erhalten hatte, führte sein nächster Weg in die Kneipe. Dort stand er dann an der Theke und trank Bier und Schnaps. Zudem war er ein starker Raucher. Man konnte ihn schon 500 Meter entfernt von der Kneipe lachen hören.

Es war an einem besagten Freitag, als er seine Lohntüte bekam und wieder in seine Stammkneipe ging. Es regnete stark, meine Mutter nahm mich an die Hand und wir suchten meinen Erzeuger und fanden ihn schließlich in seiner Stammkneipe. Meine Mutter wollte etwas zu essen kaufen, weil sie kein Geld mehr hatte.

Ich stand mit meiner Mutter draußen im Regen, wir wurden durchnässt, in der Hoffnung, er würde uns sehen und mit uns heimkommen. Das Gegenteil war der Fall. Ein Gast sah uns draußen im Regen stehen, ging zu ihm und sagte: „Du, deine Frau mit deinem Sohn steht draußen im Regen und wartet auf dich!"

Als er das hörte, kam er raus und sagte zu meiner Mutter: „Wenn du in fünf Sekunden hier nicht verschwunden bist, passiert ein Donnerwetter." Meine Mutter verließ rasend schnell den Ort und wir gingen nach Hause.

Als er später heimkam, verprügelte er meine Mutter, bis sie aus der Nase blutete und auf dem Fußboden nur noch wimmerte. Meine Oma sagte zu ihm, er möge aufhören. Schließlich wendete er sich ab und ging zu Bett, so wie er das immer praktizierte.

Die Prügelattacken gegenüber meiner Mutter nahmen kein Ende. Sie ertrug den Schmerz und Leid wegen uns. Sie schluckte alles in sich hinein und ihre Seele wurde immer kränker.

Als mein Erzeuger mehr Geld verdiente, erhöhte sich auch wöchentlich der Alkoholmissbrauch. Meine Mutter bekam dann mehrmals in der Woche Prügel, mmindestens dreimal.

So vergingen Jahre. Irgendwann verlor er durch den Alkoholmissbrauch seine Arbeit. Er fand aber direkt wieder eine andere Arbeit, wie z. B. bei der Post als Briefzusteller.

Da konnte er aber nicht während der Arbeit trinken, kündigte und bewarb sich dort als Busfahrer.

Dann wurde er bei der Post als Busfahrer eingesetzt. Durch seinen Alkoholmissbrauch verlor er aber nach zwei Jahren auch diese Arbeit.

Schließlich fing er bei einen Reisebusunternehmen als Busfahrer an und machte Fernreisen nach Österreich. Während dieser Zeit hatte er dort eine Geliebte. Das wurde meiner Mutter zugetragen. Als sie ihn darauf ansprach, bekam sie wieder Prügel.

In den meisten Familien gab es keine Gewalt. Stattdessen war die Rede von Unlebendigkeit und Verschleierung. Ein Nachbarjunge bezeichnete das Klima in seinem Elternhaus als eine stillstehende graue Wolke.

Wir schreiben das Jahr 1959. Ich ging samstags mit meinen Freunden zu einem Kohlenhändler und wir trugen schwere Säcke zur Kundschaft, die er dort mit einem LKW anfuhr, in den Keller.

Ich erinnere mich an einen Samstagsabend, als ich ins Bad ging, um mir den Kohlenstaub vom Körper zu waschen. Da kam meine Mutter ins Bad und erschrak. Ich sagte: „Was hast du denn?"

Sie sah sich meinen Rücken an, der voller Schürfwunden war und teilweise auch blutete. Das kam von den schweren Säcken, die mit Briketts und Kohlen befüllt waren. Damals waren wir Kinder alle sehr dürr, wie bestanden nur aus Haut und Knochen.

Aber das Geld, das wir damals verdienten, hat die Schmerzen, die wir kaum wahrnahmen, vertuscht. Wir hatten immer Geld in der Tasche, wenn wir abends und am Wochenende ins Lokal gingen.

Darüber zu schreiben, fällt mir weit schwerer als die Arbeit an meinem Buch, als über das Leid zu schreiben. Für das Geschehen lassen sich leichter Worte finden als über das Erlebte in meiner Nachbarschaft.

Meine Aufgabe besteht darin, etwas Spektakuläres darzustellen und aufzuklären, um die Vergangenheit besser bewältigen zu können. Viele hatten Hemmungen, die negativen Geschichten im eigenen Elternhaus klar zu benennen.

Uns Kindern hatte man damals eingeprägt, von einer außergewöhnlichen Loyalität gegenüber Vater und Mutter, wenn überhaupt etwas zu berichten. Nicht selten handelte es sich um eine Loyalität gegenüber den Eltern, die ihre eigene Weiterentwicklung und ihre Wünsche nach Unabhängigkeit unterordnete.

Wenn ich mit anderen über ihr Elternhaus reden wollte, musste ich ihnen die Zusicherung machen, dass ich deren Geschichte natürlich anonym aufschreibe. Viele schämten sich, das was geschehen war, offenzulegen.

Mein Eindruck war aber: Allen tat es gut, endlich einem in ihrem Leid und ihrer Lebensbeichte wahrgenommen zu werden. Mir wiederum tat es gut, nicht als Einziger das alles erlebt zu haben.

Bei den Kindern der Nachkriegszeit war es unübersehbar, dass sie sich danach sehnten, mit ihren stillen Ängsten und innerlichen Unruhe aufzuräumen oder wahrgenommen zu werden.

Wir schrieben das Jahr 1956

Meine Freunde waren ein bis zwei Jahre jünger als ich. Da ich schon ein eigenes Auto hatte und mit meinen Freunden viel unterwegs war, war ich der sozusagen der Größte.

Ich lernte ein 15-jähriges Mädel kennen. Ihre Eltern hatte einen großen Friseursalon in unserer Stadt. Die jungen Mädel klebten an mir wie die Motten am Licht. So erlaubte ich mir Dinge, die absolut nicht korrekt den Mädels gegenüber waren.

Sie machten alles mit, was ich wollte. Das junge Mädchen hingen sehr an mir. Eines Tages nahm ich dem jungen Ding, sie war wie gesagt erst 15 Jahre jung, ihre Unschuld. Von diesem Tag an hing sie noch mehr an mir.

Was den anderen Mädels aus unserer Stadt natürlich aufgefallen ist und die sich daraufhin auch mit mir brüsten wollten.

Da gab es ein junges Mädchen, sie hatte einen etwas größeren ausgeprägten Rücken. Sie trug den Spitznamen Buckelchen. Heute bin ich der Meinung, dass es beschämend war, sie so zu titulieren, denn sie konnte ja nichts dafür.

Ihre Eltern aber waren froh, dass sie von den Jugendlichen nicht verstoßen wurde. Warum das so war, wussten ihre Eltern natürlich nicht. Sie lief mir immer hinterher. Eines Tages, sie war gerade 14 Jahre alt, habe ich mit ihr geschlafen, sie sozusagen entjungfert.

Seit diesem Tag hatte ich keine Ruhe mehr vor ihr. Sie bot sich sogar an, Geld aus der Kasse im Laden zu stehlen und es mir zu geben, wenn sie mit dabei sein dürfte. Das fand ich super, denn Geld war mir mehr wert als alles andere und immer wichtig.

Gesagt, getan, sie bediente sich mindestens einmal in der Woche an der Geschäftskasse ihrer Eltern und gab mir das ganze Geld. Ich wiederum lud von dem Geld meine Freunde ein und bezahlte die Zeche in den Kneipen.

Natürlich mussten wir sie immer mitnehmen, was mich aber nicht störte. Immer wenn sie dabei war, habe ich sie, bevor ich sie heimbrachte, erst mit ihr geschlafen. Sie genoss die Zeit in vollen Zügen und war froh, dass sie mitkommen durfte.

Ich hatte ein aufwendiges Leben und das konnte ich nur bestreiten mit dem Geld, das sie mir zusteckte. Von Liebe war meinerseits absolut keine Spur. Es zählten nur der Sex und das Geld.

Dann lernte ich ein junges Mädchen aus unserer Stadt kennen. Ihr Vater war am Theater Musikdirigent. Sozusagen eine sehr angesehene Familie. Ich kannte sie von der Schule. Sie war vier Jahre jünger als ich.

Es kam der Tag, an dem ich sie in mein Auto einlud. Wir fuhren in der Gegend herum und genossen die Zweisamkeit. Sie sah recht gut aus. Ihr imponierte mein Aussehen, mein Auto und alles, was ich machte.

Ich hatte in unserer Stadt einen guten Ruf, immer Geld und viele Freunde und auch Mädels um mich herum. Sonntags gingen wir zum Tanztee, der fand immer von 15:00 bis 19:00 Uhr statt.

Ich konnte gut tanzen und war immer mit Freunden und Mädels an einem Tisch. Viele wollten einfach dabei sein und das schöne lockere Leben mit uns teilen. Eines Tages hatte ich mich wieder nach ihrer Schule mit ihr verabredet.

Ich holte sie ab und fuhr geradewegs in einen Feldweg. Dort tauschten wir zunächst Liebkosungen aus. Es blieb natürlich nicht dabei und es kam, wie es kommen musste: Wir schliefen miteinander.

Sie war auch noch unschuldig, fand aber Gefallen daran und ließ alles über sich ergehen. Das ging so einige Zeit. Ich hatte immer drei bis vier Mädels am Start.

Teilweise wussten sie voneinander, tolerierten es aber, um mich nicht zu verlieren.

Es wurde Winter und ich verabredete mich mit ihr bei ihr im Haus ihrer Eltern. Im Dachgeschoss hatte sie ihr Zimmer. Wenn man sie besuchte, musste man nicht durch die Wohnung ihrer Eltern gehen, sondern konnte direkt durch das Treppenhaus zu ihrem Zimmer.

Ich rief sie an und sagte zu ihr, dass meine Freunde und ich, wir waren fünf Jungs, zu ihr kommen wollten. Sie erwiderte: „O.K., aber erst gegen 21:00 Uhr, denn da sind meine Eltern im Bett."

Wir fünf Jungs fuhren zu ihr ans Haus. Wir zogen alle unsere Schuhe aus und schlichen leise durchs Treppenhaus zu ihr rauf. Oben angekommen, ihre Eltern haben nichts gemerkt, fing ich an, sie zu küssen.

Meine Freunde saßen alle am Tisch und schauten nur zu und tranken Cola. Sie hatte ganz wenig Licht in dem Raum. Ich zog sie aus und schlief mit ihr. Als wir fertig waren, sagte ich zu ihr: „Pass mal auf, meine Freunde würden auch mal gerne mit dir schlafen. Die haben so etwas noch nie gemacht." Sie stimmte erst widerwillig zu, machte dann aber voll mit.

Ich machte noch meine Freunde darauf aufmerksam, nicht in ihr zu ejakulieren. Ich sagte ihnen, was sie machen müssten. Es war aber, als würde ich gegen eine Wand reden.

Sie alle – bis auf einen – hatte vorher noch nie Sex gehabt. Alle haben in ihr ejakuliert. Als wir alle fertig waren, haben wir uns verabschiedet und schlichen uns wieder runter zur Straße.

Natürlich haben alle über das Erlebte untereinander geredet. Sie kamen sich vor wie die Größten. Ich hatte nur totale Angst, sie könnte schwanger geworden sein. Was sich aber im Nachhinein nicht bestätigte.

Als erwachsene Kinder fühlten sie sich nicht gut, über Vater oder Mutter zu reden, es kam ihnen vor, als würden sie ihre Eltern verraten. Das Gefühl der Hilflosigkeit saß tief in ihrer Seele.

Mein Erzeuger, der in Österreich eine Geliebte hatte, pflegte dieses Verhältnis und kümmerte sich nach wie vor einen Dreck darum, was meine Mutter empfand.

Wieder schluckte sie alles in sich hinein.

Ich habe mich oft gefragt, warum mein Erzeuger und meine Mutter einerseits überdurchschnittliche Schulnoten erwarteten, aber von Elternseite, außer von meiner Mutter, kaum Unterstützung kam.

Jedes Jahr war meine Versetzung gefährdet, ich schaffte es aber immer, gerade so in das nächste Schuljahr zu kommen. Die familiären Verhältnisse in unserer Familie haben alles in mir zerstört.

Aber sie konnten uns kaum helfen. Wir wurden sozusagen alleine gelassen. Da meine Mutter ganztägig arbeiten musste, war das einfach nicht möglich.

Nach außen hat man die Fassade aufrechterhalten, um nicht ins Abseits eingestuft zu werden. Mein Erzeuger hat es überhaupt nicht interessiert, welche Schulnoten ich nach Hause brachte, denn er war zu sehr mit seinem Alkoholkonsum beschäftigt.

Meine Schwester war etwas besser dran, sie schaffte den mittleren Schulabschluss. Sie konnte anscheinend das Ganze besser wegstecken als ich. Ich war halt ein Sensibelchen.

Von meinen Verwandten wurde mein Erzeuger immer als Einzelgänger beschrieben. Die Beziehung zu seinem Stiefbruder war angespannt, ebenso zu seiner Mutter. Sein Stiefvater hatte damals eine große Zimmerei.

Später versuchte mein Erzeuger, sich etwas vom Erbe zu erstreiten. Hatte natürlich keine Chance, hier etwas zu bekommen. Sie wussten, dass er Alkoholiker war, und haben alles so weit geregelt, dass zu Lebzeiten sein Stiefbruder als Alleinerbe eingesetzt wurde.

Eltern, die sich von schweren seelischen Verletzungen nie richtig erholt haben, sind in der Regel nicht in der Lage, auf ihre Kinder emotional offen zu reagieren. Aber genau das bräuchten Kinder für den Aufbau eines sicheren Bindungsmusters.

Sie brauchen die Grundlage einer psychischen Stabilität. Emotionale Offenheit, was versteht man darunter? Eine Kinderpsychiaterin zählt auf. Man muss sich auf die Entwicklung und die Erfahrung des eigenen Kindes einlassen.

Sich von seinen Signalen, Interessen, Vorlieben, Freuden und Kümmernissen leiten lassen, sich dabei auf die eigenen intuitiven Kompetenzen verlassen. Sich zu Spiel und Erfindungslust schon im Kindesalter zu verlassen. Und immer wieder mit den Kindern darüber sprechen.

Davon war meine Mutter weit entfernt, da sie traumatisiert war von den Brutalitäten meines Erzeugers. Sie war einfach nicht sie selbst. Sie holte sich aus Scham aber auch keine Hilfe.

Mein Erzeuger glaubte, es wäre ein vorübergehender Zustand, von dem sie sich wieder erholen würde. Er zweifelte nie daran, dass meine Mutter ihn lieben würde. Aber das Gegenteil war der Fall. In ihr wuchs der Hass.

Sie lebte selig in einer anderen Welt. Den einzigen Halt, den sie verspürte, waren wir Kinder. Sie wollte nie viel darüber sagen. Das große Missverständnis ihrer Ehe beschreibt sie so. Sie wünschte sich einen Mann, mit dem sie Kinder zeugte, die keinen besseren Vater hätten haben können. Diesen Wunsch aber verdrängte sie spätestens dann, als meine Schwester geboren wurde.

Lange Zeit hat meine Mutter daran gedacht, ihre Ehe wäre noch zu retten und alles würde sich zum Guten wenden. Aber es kam alles anders, ihre Ehe wurde zur Hölle. Doch keiner konnte oder wollte ihr damals helfen.

Da wir früher sehr wenig Geld hatten, trug ich Zeitschriften aus, um ein wenig finanziell mit meinen Freunden mithalten zu können.

In diesem Zusammenhang erinnere ich mich auch an eine Episode. Ich hatte viele Kunden, die ich mit Zeitschriften belieferte, die sehr arm waren. Einige musste ich immer am Ende des Monatsletzten, wenn sie nicht bezahlt hatten, daran erinnern. Es war mir damals sehr peinlich, ältere Menschen darauf anzusprechen, ihre Rückstände zu bezahlen. Ich musste das sofort kassieren, oder sie wurden gesperrt. Eine Kundin, sie war Mitte 40, hatte sehr gerne mit mir zu tun. Sie wohnte in einer Baracke, hatte meist nur im Sommer eine Kittelschürze an, mit großem Schlitz. An manchen Tagen sah man ihren Schlüpfer. Da ich schon zu diesem Zeitpunkt, was das weibliche Geschlecht betraf, Erfahrung hatte, schaute ich bewusst dort unten hin. Sie bemerkte das und setzte sich immer so auf ihren Stuhl, dass mir ein tiefer Blick in ihren Schambereich gewährt wurde. Da sie immer mit der Zahlung in Verzug war, versuchte sie mich, damit zu beeinflussen, ihr noch einen Zahlungsaufschub einzuräumen.

Das wiederholte sich monatlich. Eines Tages war es wieder so weit: Ich musste sie nach Geld fragen, da sie wieder ins Hintertreffen geraten war. Ich merkte, sie wollte mich wieder bezirzen. Diesmal hatte sie noch am frühen Vormittag ihr Nachthemd an. Man sah ihren Busen und ich wurde erregt. Sie sagte zu mir: „Komm setz dich zu mir!" Ich setzte mich auf ihren Schoss und sie fing an, mir zwischen die Beine zu fassen. Sie sagte zu mir, wenn ich diese Woche mal aufs Geld verzichten würde, könnte sie mir einige schöne Dinge zeigen. Naiv, wie ich war, oder besser gesagt, stellte ich mich naiv an, und fragte, was sie damit meinte. Sie sagte: „Ich zeige dir mal, wie eine erwachsene Frau unten ausschaut." Ich war begeistert und sagte ihr, ich könnte aber die Kosten für die Zeitung nicht übernehmen, weil ich nicht so viel Geld hätte. Sie sagte nur, ich sollte sagen, dass ich sie nicht angetroffen hatte, und beim nächsten Besuch bekäme ich das Geld. Darauf habe ich mich natürlich eingelassen, da ich mich ja, was das weibliche Geschlecht betraf, mittlerweile gut auskannte. Sie nahm mich mit ins Wohnzimmer, zog ihr Nachthemd aus und stand nackt vor mir. Ich fragte sofort, ob ich mit ihr schlafen dürfte. Das hat sie aber nicht zugelassen. Sie streichelte mich zwischen meinen Beinen. Ich war ja voll angekleidet und bekam unter meiner Hose einen Orgasmus. Das Einzige, was ich bei ihr machen durfte, war, ihren Busen zu küssen und zu streicheln, mehr war nicht drin. Natürlich verlor ich das Interesse, das zu wiederholen.

Was ist emotionale Offenheit?

Eltern, die sich von schweren seelischen Verletzungen nicht erholt haben, so war es zumindest bei meiner Mutter, sind – teilweise – nicht in der Lage, auf ihre Kinder emotional zu reagieren.

Sie war traumatisiert, die Grundlagen ihrer psychischen Stabilität fehlten. Emotionale Offenheit, was versteht man darunter? Sich auf die Entwicklung und die Erfahrung der eigenen Kinder einzulassen. Sich von seinen eigenen Signalen, Interessen, Vorlieben, Freuden und Kümmernissen leiten zu lassen und sich dabei auf die eigenen intuitiven Kompetenzen verlassen. Sich vom Spiel und der Erfindungslust der Kinder anstecken zu lassen und offen über alles mit ihnen zu reden.

Davon war aber meine Mutter zu diesem Zeitpunkt weit entfernt. Aber sie holte sich schließlich Hilfe von ihrem Chef und erfuhr, dass Menschen nicht nur intellektuell entwicklungsfähig sind, sich können auch emotional wachsen.

Ich höre sie heute noch zu meiner Tante sagen, „wenn ich meine Kinder um mich habe, geht mein Herz auf." Wir waren der Halt, den sie nie von meinem Erzeuger bekommen hatte.

Heute besteht für uns kein Zweifel: Ihre Mutterliebe war deshalb so gedämpft, weil sie jahrelang unter der fatalen Situation mit meinem Erzeuger gelitten hatte.

Es kam der Tag, an dem meine Mutter nicht mehr konnte: Sie trennte sich von meinem Erzeuger. Er, der große Zampano, wie er meinte, dass einer ist, kaufte sich für 3.200 DM einen Ford 17M. Er zog bei meiner Tante ins Haus, das gerade um die Ecke stand. Natürlich änderte er sein Leben nicht, sondern meinte, er könnte auf diesem Niveau so weiterleben. Aber da irrte er sich gewaltig. Es fehlte das Geld, das meine Mutter verdiente. Es kam, wie es kommen musste: Eines Tages kam die Ordnungsbehörde und entfernte den Stempel an seinem Auto, weil er keine Versicherung bezahlt hatte. Und so stand sein Wagen wochenlang im Hof von meiner Tante.

Es war an einem Freitag gegen 18:00 Uhr. Er klopfte an unsere Tür und meinte, mit meiner Mutter reden zu müssen. Ich hörte, wie er ihr schwor, das in Zukunft alles anders werden würde. Er würde aufhören mit dem Trinken und würde sein Leben ganz anders gestalten als bisher. Meine gutherzige Mutter glaubte ihm und ließ ihn wieder bei uns einziehen.

Die KFZ-Steuer und Versicherung wurden bezahlt, wozu meine Mutter wieder Geld beisteuerte und es verliefe zunächst alles gut. Man machte Sonntagsausflüge, mit dabei waren auch mein Onkel und Tante. Es war alles in allem eine friedliche Situation, wie wir sie noch nie erlebt hatten.

Dann musste er wieder eine Fernreise mit dem Bus nach Österreich machen. Er beteuerte meiner Mutter, dass er das Verhältnis mit der Dame beendet hätte. Gutgläubig wie meine Mutter war, glaubte sie ihm. Aber das Gegenteil war der Fall und meiner Mutter wurde zugetragen, dass er dort in Österreich noch immer ein Verhältnis mit einer Frau hätte. Sie war am Boden zerstört und wurde sehr krank.

In dieser Zeit, wenn er mehrere Tage unterwegs war, hat mich meine Tante in den Ferien zu sich eingeladen. Dort hatte ich im Schlafzimmer von meiner Tante und meinem Onkel in einem separaten Bett geschlafen. Ich erinnere mich noch, mein Onkel hat in der Zeitschrift Stern ein Kreuzworträtsel ausgefüllt und weggeschickt. Vier Wochen später erhielten wir die Nachricht, dass er ein neues Fahrrad gewonnen hatte. Und da er mein Pate war, hat er es mir geschenkt.

Als eines Tages mein Onkel frühmorgens zur Arbeit ging war ich mit meiner Tante wieder alleine zu Hause. Sie kam zu mir ans Bett, sie fing an, mir in den Schritt zu fassen. Ich war in diesem Moment so geschockt und schrie sie an, sie möge damit aufhören. Sie zog das aber ins Lächerliche und machte immer so weiter. Eines Tages, es war abends 20 Uhr und ich lag bereits im Bett – mein Onkel hatte Nachtschicht, er arbeitete am Flughafen

Frankfurt, ich war gerade mal elf Jahre –, und es trug sich Folgendes zu: Meine Tante kam ins Schlafzimmer und war unten nackt. Sie stellte sich zu mir ans Bett, nahm meine Hand und führte sie bei sich zwischen die Beine. Zunächst war das für mich wieder befremdend und abstoßend. Ich traute mich aber nicht, dagegen anzugehen, da man doch einen gewissen Respekt vor älteren Menschen hatte. Sie machte immer weiter und weiter. Dann legte sich zu mir ins Bett und streichelte mich am ganzen Körper. Schließlich nahm sie meinen Penis in den Mund und lutschte daran – solange, bis ich einen Höhepunkt hatte. In mir drehte sich alles. Dann sagte sie zu mir, ich sollte sie unten streicheln. Sie zeigte mir genau die Stelle (Klitoris), damals wusste ich aber natürlich nicht, was das war. Ich streichelte sie so ca. zehn Minuten, bis sie sich auf einmal aufbäumte und stöhnte und dann war Stille. Ich fragte sie, ob ich ihr wehgetan hätte, was sie natürlich verneinte und meinte nur: „Du hast alles gut und mich glücklich gemacht." Ich verstand zu diesem Zeitpunkt gar nichts mehr.

Es kam der Tag der Abreise, ich musste wieder zurück zu meiner Familie. Mein Onkel und meine Tante lieferten mich zu Hause bei meiner Mutter ab, tranken noch gemeinsam Kaffee und fuhren wieder heim.

Ich konnte meine Gedanken nicht mehr einordnen. Mir schwebte immer noch alles in meinem Kopf herum. Aber ich muss gestehen, sie hatte die Neugierde in mir geweckt. Ich wollte in den nächsten Ferien unbedingt wieder zu ihr.

Heute besteht kein Zweifel mehr: Ihre Mutterliebe wurde geweckt. Sie selbst konnte keine Kinder kriegen. Als Kind wurde sie von ihrem Neffen im Alter von neun Jahren vergewaltigt. Die frühkindlichen Erlebnisse haben ihre Entwicklung traumatisiert und ließen keinen Zweifel, ihre Mutterliebe, die sie nie bekommen hatte, an mich weiterzugeben.

Besonders interessierte sie sich in diesem Zusammenhang für die frühkindlichen Erlebnisse mit ihrem Neffen und meinte wahrscheinlich, das an mich weitergeben zu müssen.

Sie war eine gestörte Frau, die weder Zuneigung von meinem Onkel noch von ihrer Familie bekam. Die Voraussetzung einer gesunden Entwicklung war auch bei ihr nicht erfüllt.

Ihre Eltern haben ihre seelische Verletzung, verbunden mit einer traumatisierten Erfahrung, bei ihr nicht erkannt. Was soll dann aus so einem Menschen im Alter werden?

Ihre Eltern, die sich von den schweren seelischen Verletzungen des Krieges so langsam erholten, waren nicht in der Lage, emotional offen auf ihre Entwicklung zu reagieren. Aber genau das brauchten damals die Kinder, doch viele Eltern konnten es den eigenen Kindern nicht geben.

Es sollte doch das Allerschönste im Leben einer Mutter sein, ihr eigenes Kind wohlerzogen großzuziehen. Doch durch den Krieg empfanden viele Eltern keine Mutter- oder Vaterliebe. Der Krieg hatte alles in den Seelen kaputtgemacht.

Haben Eltern ihre seelischen Verletzungen nicht verarbeitet, dann kann das zur Weitergabe von traumatischen Erfahrungen führen, auch wenn die nachfolgende Generation selbst keinem Traumata ausgesetzt war.

Die Folgen können also für Kinder der Kriegskinder gravierend sein. Alte Traumatisierungen von Vater und Mutter führen regelmäßig dazu, dass sie mit dem Säugling reinszeniert werden.

Das kann zu gewaltigen Störungen, wie z. B. Schlafstörung, Aggressivität, Paranoia oder zur Gewalt führen. Eltern, die sich von schweren seelischen Verletzungen nicht erholt haben, sind in der Regel nicht in der Lage, auf ihre Nachkommen offen zu reagieren.

Meine Mutter hat sich nie von den Misshandlungen von meinem Erzeuger erholt. Daher war ihre lebenslange Haltung lieber zu leiden, als den Leuten Anlass zu Klatsch zu geben.

Der Winter verging, es kam der Frühling und wieder einmal hatte ich Osterferien. Meine Tante erfuhr davon, dass mein Erzeuger wieder auf Busreise in Österreich wäre. Sie rief meine Mutter an, ob ich die Osterferien bei ihr verbringen dürfte.

Meiner Mutter war das sehr recht – somit dachte sie, erlebte ich eine andere Umgebung und würde nicht unter den erlebten Missständen leiden und mich davon erholen.

Gesagt, getan, am nächsten Morgen kam meine Tante und holte mich wieder zu sich. Zunächst verhielt sie sich sehr harmlos.

Am nächsten Tag, es war gegen 20:ß0 Uhr, mein Onkel war zur Arbeit, hatte Nachtschicht, kam sie wieder zu mir und legte sich zu mir in Bett. Natürlich war sie wie in der Vergangenheit unten nackt.

Meine Neugierde wurde mit einem Mal so intensiv geweckt, dass ich mich sogar freute, mich an sie kuscheln zu dürfen. Sie streichelte mich am ganzen Körper. Sie nahm wieder meinen Penis in den Mund und saugte sich daran fest.

Dann sagte sie zu mir, ich sollte das mal bei ihr machen. Worauf ich sage: „Pfui, das mache ich nicht!" Aber sie ließ mir keine Ruhe und führte mich so allmählich mit meinem ganzen Körper nach unten.

Sie spreizte ihre Beine, führte mein Kopf dahin, wo ich mal mit meinen Händen früher war und meinte, da müsste ich sie mit meiner Zunge lecken, so als wenn ich Eis lecken würde. Das habe ich auch dann gemacht.

Erstaunlicher Weise regte mich das an und ich fand es gar nicht mehr so übel. Ich leckte sie dann eine Weile, bis sie sich aufbäumte und laut schrie, mit den Worten: „Ach mein Junge, du regst mich so auf.

Worauf ich erwiderte aber warum was habe ich denn gemacht ? Sie gab mir aber keine Antwort, schob mich nach oben und ich durfte in sie eindringen. Ich kam ganz schnell zum Orgasmus.

Dann sagte sie, so mein Bub, jetzt müssen wir aber schlafen, ging in ihr Bett, machte das Licht aus und schlief. Ich natürlich noch lange nicht, da ich mit der neuen Situation kaum zurecht kam.

Irgendwann bin ich dann doch eingeschlafen. Am nächsten morgen so gegen 8,00 Uhr kam mein Onkel nach hause und da musste ich das Schlafzimmer verlassen, weil er tagsüber schlafen musste.

Am Abend, als mein Onkel wieder weg war, kam sie erneut zu mir ins Bett. Sie legte sich zu mir, sagte mir, ich sollte sie wieder

unten zwischen ihren Beinen streicheln. Sie führte meine Hand an die Stellen, die man kennen sollte, um eine Frau zu befriedigen.
Dann durfte ich in sie eindringen. Zu meinem Erstaunen hatte ich zwar einen Orgasmus, aber noch keinen Samenerguss. Meine Freunde hatten alle bereits einen Samenerguss.

Ab diesem Tag musste ich täglich das Gleiche machen und am Ende, wenn sie ihren Höhepunkt erreicht hatte, durfte ich mit ihr schlafen. Je öfter das geschah, desto mehr Gefallen fand ich daran.

Das Jahr verging dann, ohne das etwas Besonderes geschah. Der Alltag hatte mich wieder und die Tortouren mit meinem Erzeuger nahmen kein Ende.

Dann lernte ich eine etwas ältere Frau kennen. Irgendwie hatte ich es ihr angetan. Sie war 25 Jahre und wurde von ihrem Ehemann völlig vernachlässigt. Mittlerweile war ich 15 Jahre jung und voller Tatendrang.

Ich sagte eines Tages zu ihr: „Du, ich hatte schon oftmals Sex mit einer älteren Frau." Sie erschrak und fragte, wer diese Frau sei. Das hatte ich ihr natürlich nicht verraten. Aber sie wollte alles darüber wissen.

Ich erzählte ihr bis aufs kleinste Detail alles, was ich seit dem 11. LebensIahr erlebt hatte. Sie hörte nicht auf, zu bohren, und wollte immer mehr wissen. Eines Tages lud sie mich mittags zu sich ein.

Sie wohnte nur drei Häuser von meinem Elternhaus entfernt. Meine Mutter fragte sie, ob ich ihr helfen könnte, das geschnittene Brennholz in den Keller zu ragen. Natürlich gegen Entgelt.

Meine Mutter stimmte zu und meinte nur: „Dann hat er eine Beschäftigung und ist von der Straße weg." Ich ging zu ihr und wir brachten das Brennholz in den Keller.

Und immer wieder fragte sie mich nach meinen Sexerlebnissen. Sie konnte nicht genug davon erfahren. Dann fragte sie mich eines Tages, ob ich das schön fand und ich Spaß dabei hatte. Was ich bejahte.

Tage später, als wir das gesamte Brennholz im Keller hatten, bekam ich von ihr 20 DM. Dann sagte sie zu mir, wenn immer ich wollte, könnte ich zu ihr kommen. Sie meinte, dass sie immer alleine sei und das wäre einfach langweilig.

Ich freute mich und sagte zu ihr: „Ich werde kommen!" Sie hatte ein kleines Baby von 10 Monaten. Ich ging dann immer öfter zu ihr. Es wurde Sommer und sehr warm. Als ich einmal wieder zu ihr ging, stand sie da mit einem dünnen Kittel, der auch noch fast durchsichtig war.

Ich schaute immer genau zwischen ihre Beine, konnte aber nur die Konturen ihres Körpers erkennen. Was mich in diesem Moment anregte. Sie merkte das natürlich und sprach mich darauf an.

Erst wurde ich verlegen, bekam einen roten Kopf, konnte ihr aber keine Antwort geben, weil ich doch einen gewissen Respekt vor älteren Menschen hatte. Das wurde uns so anerzogen.

Sie meinte nur: „Brauchst dich nicht zu schämen, ein Frauenkörper ist doch was Schönes, oder nicht? Du hast doch schon eine nackte Frau gesehen und gesagt, dass es dir gefallen hatte!"

So langsam ließ meine Nervosität nach und ich öffnete mich immer weiter. So zogen die Tage ins Land, bis ich sie wieder einmal eines Nachmittags besuchte. Zunächst spielte ich mit ihrem Kind, nahm es auf meinem Arm und schunkelte es hin und her.

Ich durfte dem Kind sogar die Flasche geben, als sie ins Bad ging und mich darum bat. Es vergingen 15 Minuten, bis sie wieder herauskam. Sie erschien nur in Unterwäsche, Slip und Büstenhalter, sonst hatte sie nichts an.

Das erregte mich mit einem Mal total. Ich bekam sofort eine Erektion, was sie natürlich bemerkte. Sie lachte nur und sagte, ich bräuchte mich nicht zu schämen, das wäre ganz nochmal.

Wie schon so oft bekam ich einen roten Kopf. Dann setzte sie sich neben mich und das Baby auf das Sofa. Erst streichelte sie ihr Kind, dann mit einem Mal streichelte sie auch mich und meinte: „Vielen Dank, dass du auf das Kind aufgepasst hast!"

Sie wurde immer zärtlicher, streichelte mir erst über meine Haare, dann über meinen Rücken. Ich bekam einen Schauer und eine Gänsehaut. Es fühlte sich sehr schön an. Ich genoss förmlich diese Situation.

Ich kann bis heute nicht sagen, was in mich fuhr, aber ich erwiderte die Streicheleinheiten von ihr. Sie legte sich zurück und genoss meine Zärtlichkeiten ihr gegenüber auch.

Sie legte mit einem Mal ihren Kopf auf meine Schulter. Aber das Baby war irgendwie im Weg und sie meinte: „Komm, die Kleine ist müde, ich bringe sie ins Bett, sie muss schlafen!"

Das tat sie dann auch. Als sie aus dem Kinderzimmer zurückkam, setzte sie sich wieder zu mir und legte ihre schönen Beine über meine. Und zum zweiten Mal bekam ich eine Erektion, was sie natürlich sofort bemerkte.

Sie sah mir tief in die Augen und fragte mich, ob ich mehr von ihr sehen wollte. Total verlegen nickte ich nur mit meinem Kopf. Daraufhin zog sie erst ihren BH aus. Ich konnte die schön geformte Brust, die nicht gerade klein war, sehen.

Sie nahm meinen Kopf und führte ihn zu ihrer Brust und meinte, ich sollte mal an ihren Nippel saugen, was ich auch tat. Und schon kam Muttermilch aus ihrer Brust. Sie schmeckte etwas süßlich.

Das alles dauerte so 15 bis 20 Minuten. Sie griff mir auf einmal an meinen Penis, der total erregt war. Natürlich hatte ich nach ganz kurzer Zeit einen Orgasmus mit Samenerguss. Es war sehr schön.

Sie sagte zu mir, dass das auf keinen Fall jemand erfahren dürfte, sonst bestünde die Wahrscheinlichkeit, dass ich angezeigt werden könnte und im Heim landen würde. Ich versprach ihr hoch und heilig, dass es unser Geheimnis bleiben würde.

Sie lud mich immer öfter zu sich ein. Fast täglich, wenn ich meine Hausaufgaben machte, ging ich zu ihr rüber. Es fiel niemanden auf. Dann nach circa zwei Monaten, nachdem sie mich mit der Hand befriedigt hatte, wollte sie mir mehr zeigen.

Dann zeigte sie mir, wie man Analverkehr macht. Ich erlebte alle Facetten der Liebe. Das aber ekelte mich an und ich wollte das auch nicht mehr. Doch sie bestand darauf und ich musste es immer wieder mit ihr machen.

Ich ertrug das mit Ekel, aber ich widersprach ihr nicht und tat das, was sie wollte. Dann fragte ich, ob ich richtig mit ihr schlafen könnte. Nach langem Zögern sagte sie: „Okay, das können wir machen – aber nur mit Kondom!"

Sie kaufte irgendwann Kondome und wir schliefen miteinander. Ich merkte aber nie, dass sie einen Höhepunkt hatte. Immer wenn wir zusammen geschlafen hatten, streichelte sie sich selbst zwischen den Beinen.

Das alles ist so lange gegangen, bis ich eine Lehre anfing und somit nicht mehr tagsüber die Zeit hatte, zu ihr zu gehen. Dann ging das auseinander und ich besuchte sie nicht mehr.

Mittlerweile hatte ich mir, wie alle meine Freunde, ein Moped gekauft. Wir unternahmen Touren zusammen und lernte auch in anderen Dörfern junge Mädchen kennen.

Zu meinem Erstaunen stellte ich fest, dass ich Frauen nur als Objekt wahrnehmen konnte. Ich war total verwirrt in meinen Gedanken. Ich war nicht fähig, Frauen mit Liebe zu begegnen.

Damals war es so, dass wir gemeinsam mit zehn Mopeds unsere Nachbardörfer besuchten. Da war eine Mühle mit Gaststätte, dort fuhren wir immer gemeinsam hin und tranken Bier.

Unter anderem lernten wir auch dort Mädchen kennen. Wir waren so 14 bis 15 Jahre alt und wollten natürlich mehr von den Mädels. Was aber nicht passierte, denn in den Dörfern kannte jeder jeden und die Mädels waren mehr als schüchtern.

Dann war da ein junges Mädchen, sie ging in die Klosterschule und war in den Sommerferien bei ihrer Tante in unserer Nachbarschaft. Da ich eine gewisse Erfahrung hatte, was Frauen betraf, wollte ich natürlich mit dem Mädchen schlafen.

Was zunächst nicht gelang, aber sie war für ihre 14 Jahre erstaunlicherweise sehr gut entwickelt. Eines Tages, es war Sonntagnachmittag, hatten wir uns verabredet, in einem kleinen Wald spazieren zu gehen.

Wir trafen uns, sie brachte eine Decke mit und wir gingen in den Wald. Dort angekommen, legte wir die Decke auf den Boden und setzten uns drauf. Es kam zu Streicheleinheiten, was uns beiden Spaß machte.

Auch haben wir uns geküsst. Ich wollte ihr gerade unter den Rock fassen, als ich einen sehr strengen Geruch wahrnahm. Sie bemerkte das auch und wir fragten uns, woher das wohl käme.

Der Gestank wurde immer schlimmer. Wir hoben die Decke auf und musste mit Entsetzen feststellen, dass unter der Decke ein Hundehaufen lag. Fluchtartig verließen wir den Ort und traten den Heimweg an.

Die Sommerferien vergingen und wir verabredeten uns für die Herbstferien. Gesagt, getan, es wurde Herbst und sie kam wieder für 14 Tage zu ihrer Tante. Am nächsten Tag trafen wir uns. Die Zuneigung war nach wie vor vorhanden.

Es war Wochenende, wir gingen abermals in den Wald, aber an eine andere Stelle – jene, wo wir im Sommer waren, war noch in greifbarer Erinnerung. Wir legten uns hin und ich fing wieder an, sie zu streicheln uns zu küssen.

Dann fasste ich ihr unter den Rock und streichelte sie zwischen ihren Beinen. Zum Erstaunen ließ sie sich das ohne Gegenwehr gefallen. Sie erwiderte die Streicheleinheiten aber nicht, sondern lag ganz steif auf der Decke.

Ich, total erregt, ging natürlich weiter und zog ihre Unterhosen bis zu den Knien hinunter. Sie hatte bereits einen großen Haarbewuchs zwischen ihren Beinen. Ich streichelte sie dort, wo mir das meine Tante damals gezeigt hatte.

Sie ließ alles über sich ergehen, ohne ein Wort zu sagen oder mich abzuwehren. Nun wollte ich in sie eindringen. Total erregt legte ich mich auf sie, aber ich konnte nicht in sie eindringen.

Sie war so eng gebaut, oder auch verkrampft, dass es nicht zum Geschlechtsverkehr gekommen ist. Egal, was ich versuchte, es hat nicht funktioniert. Ich war so erregt, dass mir im Nachhinein meine Hoden schmerzten.

Wir küssten uns und streichelten uns noch eine Weile, dann gingen wir wieder heim. Dann haben wir uns in den restlichen Tagen, die sie noch hier verbrachte, leider nicht mehr gesehen.

Ob sie Gewissensbisse oder sich geschämt hatte – ich habe keine Ahnung. Sie reiste jedenfalls ab, ohne sich von mir zu verabschieden. Ich fragte mich, ob ich eventuell zu weit gegangen war. Im Grunde war es mir aber irgendwie egal.

Es kam das Frühjahr, meine Freunde und ich gingen immer sonntags zum Tanztee. Dort lernte ich eines Tages ein junges Mädel kennen. Sie war 16 Jahre jung und kam aus einem Ort, der ca. 20 Kilometer von unserer Stadt entfernt war.

Ich muss sagen: Alle, die mich kannten, sagten immer, dass ich gut ausschaue. Ich war schlank, hatte immer tolle Klamotten an. Die konnte ich mir nur leisten, weil ich samstags bei einem Kohlenhändler ausgeholfen habe.

Ich hatte auch immer Geld in der Tasche und es hat den jungen Mädels total imponiert, wenn ich sie zu einer Cola oder einem anderen Getränk eingeladen habe. Somit hatte ich leichtes Spiel bei den Damen.

Es war im Jahr 1965

Ich hatte ja mit vielen jungen Mädels aus unserer Kleinstadt Sex. Die meisten waren so zwischen 14 und 15 Jahre alt. Eines Tages fragte ich eine, ob ich ein paar Fotos von ihr machen könnte.

Sie fragte: „An welche Fotos dachtest du?" Worauf ich sagte: „Na ja, von deinem Intimbereich, dann hätte ich sie immer bei mir." Ohne das Gesicht zu zeigen. Nur ihre Vagina.

Nach langem Hin und Her willigte sie ein. Mein Freund, dessen Eltern eine Bäckerei hatten, hatte ein guten Fotoapparat. Ich weihte ihn ein und fragte, ob er mitmachen könnte. Wir verabredeten uns also mit dem jungen Mädel aus dem Fernsehgeschäft. Wir trafen uns und fuhren direkt in einen kleinen Wald. Dort hat sie sich unten herum nackt ausgezogen und mein Freund fing an, Bilder von ihrer Vagina zu machen. Zunächst einen ganzen Film von 20 Bildern. Es dauerte ca. zwei Wochen, bis sein Bruder die Bilder entwickelt hatte. Alle Bilder waren damals schwarz-weiß. Wir konnten es nicht fassen: Alle Bilder sind etwas geworden.

Abends in der Kneipe haben wir die Bilder unseren Freunden gezeigt, aber nicht verraten, von wem sie waren. Sie waren damals total verrückt danach und wollen sie uns abkaufen.

Unter anderem hatten wir auch Freunde von Italienern und Türken. Auch diesen zeigten wir die Bilder. Auch sie wollten welche haben. Mein Freund und ich witterten ein Geschäft.

Wir boten ihnen unsere Bilder, das Stück für 3,00 DM, an. Sie wurden uns aus den Händen gerissen. Ruckzuck waren alle Bilder verkauft. Und Nachbestellungen hatten wir mehr als genug.

Also kauften wir weitere Filme und machten Bilder von dem Mädel. Irgendwann fragte ich die Tochter des Musikdirektors, ob sie auch so etwas mit uns mache würde. Da sie total verrückt nach mir war, willigte sie ein.

Wir verabredeten uns und schossen – ebenso wie bei der anderen – Nacktfotos in allen Variationen, bis wir so ca. 250 bis 300 Bilder hatten. Da es nicht so einfach war, alle auf einmal zu entwickeln – das musste ja der Bruder von meinem Freund alles heimlich machen –, dauerte es fünf Wochen.

Dann hatten wir die Bilder und konnten sie alle an Türken, Italiener und unsere deutschen Freunde verkaufen. Es war ein sehr lohnendes Geschäft, wie wir feststellen mussten.

Dann wollten die Mädels plötzlich nicht mehr mitmachen, sie schämten sich, weil sie herausfanden, dass wir die Bilder verkauften. Somit war dieses Kapitel zunächst erledigt.

Mein Freund hatte einen Partykeller, den wir nutzten, um mit den Mädels zu feiern, ohne dass sich seine Eltern darum kümmerten. Sie waren sehr tolerant. Es war Samstagabend und wir hatten ein paar Freunde und auch ein paar Mädels eingeladen.

Die Mädels kannten wir vom Tanztee. Wir waren vier Paare. Es wurde Rockmusik gehört und viel Alkohol getrunken. Dann habe ich und mein Freund Sex mit unseren Mädels gehabt.

Im Nachhinein erfuhr ich, dass ich dem Mädel die Unschuld genommen hatte, ohne dass ich es gemerkt oder gewusst hatte. Das Fatale war: Am nächsten Morgen kümmerte ich mich nicht mehr um das Mädel.

Ich hatte einfach keine Lust mehr, mit ihr zu reden. Sie war 20 Kilometer von zu Hause weg und wusste nicht, wie sie heimkommen sollte. Das war mir egal, heute frage ich mich: „Was warst du nur für ein Mensch?"

Damals war es mir völlig egal, was aus dem Mädel wurde. Irgendwie musste sie dann doch heimgekommen sein. Ich habe sie nie mehr gesehen. In unserer Stadt kam auf einmal das Gerücht auf, ich wäre der Herzensbrecher der Stadt.

Ich habe die Frauen nur benutzt, ohne irgendwelche Gefühle aufkommen zu lassen. Mit 17 Jahren hatte ich bereits mit 30 Frauen geschlafen. Da muss man nicht stolz drauf sein. Damals war ich aber der tolle Hecht, der fast jede Frau bekam, die er haben wollte.

Die Frauen machten es mir sehr leicht. Sie hatten immer tolle Klamotten an, waren sehr gepflegt und immer nach der Suche nach einem Sexabenteuer. Ja, heute würde ich behaupten, ich war jahrelang regelrecht sexsüchtig.

Die „Vergewaltigung" meiner Tante hat mich zu all dem gemacht. Respekt vor den Frauen hatte ich nicht. Aber ich muss auch sagen, dass ich die Frauen sehr liebevoll behandelte.

Hatte ich aber mein Ziel erreicht und sie ins Bett bekommen, waren sie mir völlig egal. Keine gute Einstellung, aber ich war so und konnte gegen meine (nicht vorhandenen) Gefühle nicht angehen.

Mit 17 Jahren konnte man damals schon den Führerschein machen. Aber er wurde einem erst mit 18 Jahren ausgehändigt. Als der Tag gekommen war, an dem ich 18 Jahre alt wurde, holte ich mir also meinen Führerschein in der Fahrschule ab.

Wochen zuvor hatte ich mir schon ein Auto gekauft. Dreist wie ich war, fuhr ich mit meinem Auto zur Fahrschule und holte meinen Führerschein ab. Das war natürlich rechtlich nicht okay.

Ich kam voller Freude nach Hause, mein Vater stand im Wohnzimmer, ich ging voller Freude zu ihm und sagte: „Papa, schau, ich habe meinen Führerschein!" Seine einzige Reaktion war: „Ja, ist gut!"

Kein Lob, keine Umarmung nichts. Die Enttäuschung meinerseits war sehr groß. Meine Mutter nahm mich in den Arm und gratulierte mir zu meinem Erfolg.

Dann wurde es in den folgenden Jahren bei mir richtig turbulent: Frauen, Frauen und nochmal Frauen. Egal wie alt oder jung sie waren – ich schlief mit allen. Ich hatte mich nicht mehr unter Kontrolle.

Ich konnte vom Sex nicht genug bekommen. Hatte ich mal gerade kein Mädel zur Hand, ging ich ins Freudenhaus. Dort bekam ich, was ich brauchte. Nur war das nicht allzu oft, da es zur damaligen Zeit einfach zu teuer war.

Mit 18 Jahren lernte ich eine 20-jährige junge Frau kennen, mit der ich im Bordell geschlafen hatte. Sie hat sich in mich verliebt und meinte, wenn ich auf sie aufpassen und sie ins Bordell hinfahren und wieder abholen könnte, würde sie mich gut entlohnen.

Es kam, wie es kommen sollte, ich fuhr sie dreimal in der Woche ins Bordell und holte sie dort auch wieder ab. Für jede Fahrt gab sie mir 30 DM und ich durfte mit ihr schlafen.

Das ging gut ein Jahr so – bis sie einen reichen Mann fand, der ihr natürlich mehr bieten konnte als ich und somit trennten sich unsere Wege.

Zurück zum Jahr 1953

Ich erinnere mich ganz genau: Es war Winter November/Dezember 1953. Wie hatten als Wärmequelle Ölöfen in der Wohnung.

Hinter dem Haus hatten wir einen Stall und dort stand ein Ölfass, in dem unser Heizöl für unsere Ölöfen lagerte.

Unser Ölofen war abends noch halb voll. Also so, dass er die ganze Nacht brannte und unsere Wohnung wärmte. Mein Erzeuger kam total betrunken um 20:00 Uhr nach Hause. Er suchte nach Gründen, um seinem asozialen Verhalten und Unmut Luft zu machen.

Er schrie meine Mutter an, warum die Ölkanne nicht voll wäre. Dann hat er mich total verprügelt. Meine Mutter, total verängstigt, nahm mich an der Hand, wir haben die Ölkanne genommen und wollten sie im Stall mit Öl befüllen, damit es keinen Streit gab. Obwohl kein Bedarf war, die Kanne zu befüllen, da unser Ofen noch halb voll war.

Wir standen am Ölfass und befüllten die Ölkanne, da kam mein Erzeuger auf einmal nach, schlug meiner Mutter ins Gesicht. Sie nahm mich schnell bei der Hand und wir flüchteten im Schnee zu meinem Onkel und meiner Tante.

Es lagen damals ca. 10 cm Schnee, ich hatte nur ein dünnes T-Shirt, eine dünne Hose, sowie Hausschuhe an und wir flüchteten die circa zwei Kilometer zu meinem Onkel.

Im Hof kam uns noch eine Nachbarin entgegen und sagte zu meinem Erzeuger: „F., höre doch bitte auf damit, was machst du denn da?" Mein Erzeuger schlug auch ihr mitten ins Gesicht und versuchte, uns einzuholen, um uns festzuhalten. Was ihm aber durch seinen übermäßigen Alkoholgenuss misslang.

Unterwegs verlor ich nach ca. einem Kilometer meinen rechten Pantoffel und ich musste auf Strümpfen durch den Schneematsch bis zu meinem Onkel mit meiner Mutter flüchten. Dort steckte mich meine Tante erst einmal in ein warmes Bad, damit ich mir nicht den Tod holte.

Am nächsten Morgen informierte mein Onkel die Polizei und wir gingen gemeinsam nach Hause zu meinem Erzeuger.

Wir haben geklingelt, er stand plötzlich in seiner schmutzigen Unterhose und verschwitzten Unterhemd in der Tür und lachte uns verlegen entgegen. Der Polizist ermahnte ihn, er sollte sich zurückhalten, ansonsten müsste er abgeholt werden.

Wir gingen dann in die Wohnung, mein Onkel und der Polizist sind dann auch weggegangen, ich war total verängstigt, setzte mich in der Küche brav auf einen Stuhl und wartete, was passiert. Es passierte aber nichts mehr, denn mein Erzeuger war fast wieder nüchtern und da traute er sich nicht, irgendetwas zu machen.

Mein Erzeuger tat so, als wäre nie etwas geschehen. Meine arme Mutter war aber zutiefst verletzt, was sie sich jedoch nicht anmerken ließ. Ihre Seele weinte innerlich. Das Zusammenleben meiner Eltern änderte sich nicht.

So gingen die Jahre dahin, die Prügelattacken, wurde, was meine Mutter betraf, immer schlimmer. Ich erinnere mich, es war Vatertag 1953. Meine beiden Onkel und Tanten mit meinen Cousinen und Cousin – es waren zusammen acht Personen – und meine Eltern sowie meine Schwester, so waren wir alle zusammen 12 Personen.

Wir planten, einen Vatertagsausflug zu machen. Ziel war ein fünf Kilometer entfernter Ort, wo sich damals die Väter und Mütter zu einem Ausflug trafen. Wir gingen los, es war ein herrlicher Tag, die Sonne schien, es war warm, wir haben unterwegs gesungen und gelacht. Es war einfach wunderschön.

Nach etwa zwei Stunden kamen wir in dem Lokal an. Es war so schön und befreiend, wir haben draußen im Freien gespielt, es war einfach herrlich. Dann nach etwa vier Stunden – mein Erzeuger hatte sich wie immer total betrunken – traten wir den Heimweg an.

Nach einem Kilometer fing mein Erzeuger an, grundlos mit meiner Mutter zu streiten. Es kam ein Wort zum anderen. Auf einmal holte mein Vater aus und schlug mit seiner Faust meiner Mutter ins Gesicht. Sie fiel zu Boden, lag blutend auf der Straße vor einer Garage. Das Bild sehe ich heute noch genau vor mir.

Meine beiden Onkel gingen dazwischen und versuchten, meinen Erzeuger zu beruhigen, was ihnen auch gelang. Wir traten dann gemeinsam den Heimweg an. Als wir in unserem Dorf angekommen waren, haben sich die Familien verabschiedet, getrennt und jede Familie ging zu sich nach Hause.

Zuhause angekommen, legte sich mein Erzeuger ins Bett und schlief bis zum frühen Morgen. Am anderen Morgen tat er wieder so, als wäre nichts geschehen. Dann musste mein Erzeuger wieder eine längere Busreise ins Ausland machen.

Meine Tante, die mich vergewaltigt hatte, hörte davon, dass mein Erzeuger wieder mit dem Bus für mehrere Tage eine Fernreise unternahm. Sie sprach meine Mutter an, sie sollte mich doch wieder für ein paar Tage, es waren Herbstferien, zu ihr bringen. Meine Mutter willigte ein und ich verbrachte wieder acht Tage bei meiner Tante.

Dort angekommen, wurde ich immer wieder verführt. Und das zweimal am Tag. Ich lernte alles, was Frauen und die Liebe betraf. Nach einer Woche fuhr mich mein Onkel wieder nach Hause.

Es war das Jahr 1956

Am 02.04.1956 hatten meine Eltern noch einmal Nachwuchs bekommen. Wir, d. h. meine Schwester und ich, durften den Namen aussuchen. Es wurde ein Mädchen geboren und wir gaben ihr den Namen Cornelia.

Damals war Conny Froboess sehr aktuell und der Name Conny hat uns so gefallen, dass unsere Schwester auch so getauft wurde.

Es kamen wieder die Sommerferien. Mein Vater war auf Fernreise und ich durfte wieder zu meiner Tante. Ich muss gestehen, ich freute mich richtig darauf. Mit meinen 12 Jahren war so ein Erlebnis einfach großartig.

Vom ersten Tag an verführte mich meine Tante täglich und brachte mir alles bei, was man als Mann wissen sollte, wie man sexuell mit einer Frau umgeht. Wir hatten täglich bis zu zweimal Sex miteinander. Ich war damals 12 Jahre alt.

Ich fand das super, kam mir vor wie ein toller Hecht und genoss die Zeit bei meiner Tante.

So verging die Zeit, ich habe schließlich mit 14 Jahren eine Lehre als Heizungsmonteur und Installateur begonnen. Und habe meine Ausbildung mit Erfolg nach dreieinhalb Jahren abgeschlossen.

Ich muss gestehen, aufgrund meiner erlebnisreichen Jugend war ich schon früh, seit meiner Lehre, immer mit Freunden unterwegs. Es wurde auch Alkohol getrunken. Heute würde ich sagen zu viel Alkohol, damals hat man das nicht so empfunden.

Mit 18 Jahren musste ich jedoch in eine Klinik: Verdacht auf Leberverfettung. Dort wurde ich punktiert und musste 14 Tagen bleiben.

Da ich schon recht viel nach meiner Lehre verdiente, hatte ich mit 18 Jahren mein eigenes Auto.

Als ich in die Klinik musste, bestimmte mein Erzeuger einfach, dass mein Auto zu Hause bleibt, da er es in dieser Zeit nutzen wollte, um zur Arbeit zu fahren. Ich hatte noch mit 18 Jahren so eine Angst vor ihm, dass ich nicht zu widersprechen gewagt habe.

Nach 14 Tagen kam ich aus der Klinik, er wusste genau, dass ich heimkomme, nahm trotzdem mein Auto mit und fuhr zu seiner Baustelle, wo er wieder als Hilfsarbeiter arbeitete.

Ich ließ mich von meinem Onkel dort hinfahren. Dann ging ich zu meinem Erzeuger und sagte: „Gib mir bitte meine Autoschlüssel, ich hole dich nach Feierabend ab." Darüber war er auf einmal so wütend, schmiss meinen Schlüssel in den Schlamm und sagte: „Ich komme schon nach Hause, brauchst mich nicht abzuholen."

Keine Ahnung, was er an diesem Tag vorhatte, auf alle Fälle war er stinksauer darüber. Als er gegen 17:30 Uhr heimkam, kam er wütend auf mich zu und schlug mir mit der flachen Hand ins Gesicht.

Da bäumte ich mich vor ihm auf und sagte: „Wenn du noch einmal die Hand gegen mich hebst, schlage ich dich zum Krüppel! Mach das nie wieder, das sage ich dir hier ein für alle Mal und meine es total ernst!"

Er schaute mich erschrocken an und ich merkte, er hatte plötzlich großen Respekt vor mir, da er mit so einer Reaktion niemals gerechnet hätte.

Ich sagte zu ihm: „Jahrelang hast du unsere liebe Mutter verprügelt, diese Zeit, so schwöre ich dir, ist vorbei. Mach noch einmal irgendeine Tat, was die Familie betrifft, und du bist fällig!"
Er war total verwirrt, drehte sich von mir ab, ging in den Keller und trank dort sein Bier.

Wir schrieben das Jahr 1966. Meine Tante, die mich vergewaltigt hatte, zog in das Haus meiner Eltern. Sie hatten auf derselben Etage, wo auch wir wohnten, direkt gegenüber eine Wohnung bezogen.

Wenn ich nachts heimkam, ich hatte damals eine nette Freundin, passte mich meine Tante an der Tür ab und sagte: „Komm rein!" Was ich dann seltsamerweise auch tat. Einmal sagte ich: „Nein, ich bin müde, muss morgen früh raus, heute nicht."

Da drohte sie mir, alles zu verraten, was ich mit ihr gemacht habe. Obwohl ich schuldlos war, hatte ich Angst, dass etwas rauskommen würde.

Ich habe das weibliche Geschlecht nie ernst genommen, sondern immer und immer wieder nur benutzt. Hatte ich Sex mit einer Frau, ekelte sie mich danach total an und ich musste direkt weg. So kam es, dass ich mit 17 Jahren schon mit ca. 30 Frauen geschlafen hatte.

Ja, heute würde ich sagen, durch meine Vergewaltigung in jungen Jahren bin ich sexsüchtig geworden. Dieser Zustand setzte sich immer weiter und weiter fort. Ich hatte stets zwei bis drei Freundinnen gleichzeitig am Start, um meine sexuelle Lust zu befriedigen.

Ich hatte neben meinen sexuellen Erlebnissen aber eine feste Freundin. Lebte aber mein Sexualleben weiterhin aus, ohne dass sie es merkte. Nach einem Jahr trennte ich mich von ihr.

Mit 19 Jahren lernte ich ein junges 17-jähriges, gutaussehendes Mädchen kennen. Ihr Vater hatte eine große Fertigbaufirma. Nach sechs Monaten wurde sie schwanger und wir haben geheiratet. Aus dieser Ehe entstand meine Tochter.

Durch meinen erlernten Beruf verdiente ich sehr viel Geld. Hinzukam noch die Schwarzarbeit. So konnte ich alles in allem monatlich 4.000 DM nach Hause bringen.

Wir führten ein sorgloses Leben. Ich machte mit meiner kleinen Familie Fernreisen, wir kauften ein neues Auto. Es fehlte nichts im Haushalt. Meine Tochter wurde mit allem, was man sich nur denken konnte, von mir verwöhnt.

Und trotzdem waren immer wieder andere Frauen im Spiel, mit denen ich meine Frau betrog. Ich ließ keine Gelegenheit aus, um mit fremden Frauen zu schlafen. Ich muss aber mit Stolz sagen: Ich habe meine Frau nie misshandelt.

Nun hatte ich meine kleine eigene Familie, nicht mehr meinen Erzeuger im Rücken und konnte mich auf einmal frei entfalten.

Nachdem ich zu Hause bei meinen Eltern ausgezogen war, habe ich mich geistig weiterentwickelt. Ich fing bei einer Firma an, die mein Potenzial früh erkannte und mich mit dem Besuch von Abendschulen förderte.

Nach zwei Jahren habe ich meinen Kaufmann gemacht und konnte in dieser Firma, wo ich zunächst als Heizungsmonteur arbeitete, als Außendienstverkäufer anfangen.

Ich habe meine Frau, so schlimm es sich auch anhört, immer und immer wieder mit anderen Frauen betrogen. Ich war überhaupt nicht reif dafür, einer Familie gerecht zu werden. Es fehlte der totale Respekt vor meiner Frau, oder besser gesagt vor Frauen allgemein.

Bis zu meinem 26. Lebensjahr hatte ich mit circa 200 Frauen geschlafen, worauf ich heute bestimmt nicht stolz bin. Ich wohnte mit meiner kleinen Familie in einer anderen Stadt, rund 40 Kilometer von der Stadt entfernt, wo meine Eltern wohnten.

Dann hörte ich von meinen Eltern, dass meine Tante und mein Onkel irgendwann weggezogen sind.

Ich habe mich, erst als ich von zu Hause weg war und auf eigenen Beinen stand, geistig entwickelt und da kam das zum Vorschein, was wirklich in mir steckte und wozu ich fähig war. Mit Schulungen usw. habe ich mich zum Bezirksleiter emporgearbeitet.

In dieser Firma freundete ich mich eines Tages bei einer Betriebsfeier mit unserer Buchhalterin an. Sie war 20 Jahre älter als ich, verheiratet und hatte drei Kinder.

Nach der Betriebsfeier fragte sie mich, ob ich sie heimfahren könnte. Es kam, wie es kommen musste, wir schliefen zusammen. Die Beziehung dauerte einige Jahre, bis sie eines Tages schwanger wurde. Sie gebar einen prächtigen Jungen. Jeder in der Firma wusste, wer der Vater war. Sie hielten aber alle dicht.

Ich habe den (meinen) Jungen nur einmal gesehen, als sie mit dem Kind im Kinderwagen in die Firma kam. Jeder in der Firma konnte sich denken, von wem das Kind war.

Ich habe mich ständig weiterentwickelt und stieg in einer anderen Firma schließlich zum Verkaufsleiter auf. Nach sieben Jahren wurde meine Ehe, aus der meine Tochter hervorgegangen ist, geschieden.

Fünf Jahre lebte ich auf der Überholspur. Alles drehte sich nur um Frauen und Sex. Das war mein Lebensinhalt. Ich genoss alle Facetten, die mir das Leben bot. Und trotzdem war ich innerlich einsam.

Da ich viel auf Messen unterwegs war, lernte ich Frauen aus vielen Ländern kennen. Ich hatte Sex mit Frauen aus Amerika, Spanien, Italien, Holland, Frankreich, Ungarn Polen, Philippinen sowie Thailand.

Die Einsamkeit trieb mich immer wieder zu anderen Frauen. Wie viele Frauen es waren, mit denen ich letztendlich geschlafen habe, kann ich heute nicht mehr sagen.

Ich erinnere mich, dass ich in einer größeren Stadt nachmittags Cafés aufsuchte, wo ich wusste, dass dort gut betuchte Frauen ihre Freizeit verbrachten. Diese Damen hatten reiche Männer, waren aber mit ihrem Leben sehr unzufrieden.

Das sprach sich unter den Männern herum und man versuchte, dort einsame Frauen kennenzulernen. Genau das, was ich suchte. Gesagt, getan, ich besuchte solche Cafés und es dauerte nicht lange, um dort Bekanntschaften zu knüpfen.

Je öfter ich am Nachmittag dort hinging, umso bekannter wurde ich. Man kam mit der einen oder auch anderen Dame ins Gespräch. Es stellte sich schnell heraus, wie unzufrieden sie waren.

Durch meinen Beruf als Außendienstverkäufer lernte ich in Seminaren freies und offenes Reden, was mir zugutekam im Umgang mit fremden Menschen – in diesem Fall waren es ausschließlich Frauen, auf die ich es abgesehen hatte.

Eine Frau hatte es auf mich abgesehen. Sie war allerdings schon 65 Jahre, aber gerade das war mein Beuteschema. Man verabredete sich für den nächsten Tag im Park.

Sie wollte nicht, dass ihre Freundinnen das mitbekamen. Am nächsten Tag wartete ich 15 Minuten vor unserer Verabredung auf einer Bank im Park auf sie. Pünktlich wie diese Generation war, ist sie erschienen.

Wir sprachen zunächst davon, ob ich eine Partnerin habe. Was ich verneinte und sie meinte direkt, dass sie sich seit Jahren sehr einsam fühlte, da ihr Mann früher beruflich viel unterwegs war und nun mit Demenz sein Leben lebt.

Täglich kommt der Pflegedienst und sorgt sich um ihren Mann. Ihr aber genügt der Zustand nicht, sie fühle sich zu aktiv, um auf Annehmlichkeiten, wie sie sich ausdrückte, nicht verzichten zu wollen.

Ich sagte zu ihr: „Dem kann man doch Abhilfe schaffen. Ich bin alleine, sie sind alleine – machen wir das Beste draus." Ich kam dann schnell zur Sache und sprach sie an, ob sie dem Sex zugeneigt sei.

Ohne groß herumzureden, stieg sie auf das Thema sofort ein. Ich muss gestehen, sie sah sehr gut und gepflegt aus. Sie meinte zu mir, zu Hause bei ihr ginge das nicht, aber ihre Tochter hätte eine Wohnung und sie den Schlüssel dafür.

Aber die Tochter würde in München arbeiten und nur ab und an hierherkommen. Also fuhren wir dorthin. Nach 15 Minuten fuhr ich mit ihr in die Tiefgarage.

Oben in der Wohnung angekommen, begab sie sich, ohne lange um den heißen Brei herumzureden, ins Bad und kam nach fünf Minuten nackt ins Wohnzimmer. Ich muss gestehen: Für ihre 65 Jahre hatte sie eine verdammt gute Figur.

Ich zog mich rasch aus und wir gingen ins Schlafzimmer. Dort stand ein französisches breites Bett. Ein großer Spiegel hing an der Decke, sodass man sich sehen konnte, wenn man im Bett lag.

Küssen wollte sie nicht, sondern einfach nur den puren Sex. Ich streichelte sie an gewissen Stellen und als sie dann so weit war, schliefen wir zusammen. Sie war wie ein Vulkan. Nicht mehr zu bremsen.

Sie bekam einfach nicht genug von mir. Allerdings war es bei mir so, wenn ich mit einer Frau geschlafen hatte, wollte ich immer ganz schnell weg. Dann ekelten die Frauen mich an.

Das Ganze hat trotzdem etwas sechs Monate gedauert, bis ich keine Lust mehr auf sie hatte. Sie war total geschockt, als ich ihr sagte, dass ich keine Lust mehr habe. Sie bot mir daraufhin

Geld an und würde mir teuren Schmuck kaufen, wenn ich bei ihr bleiben würde.

„Okay", dachte ich mir, „wenn das so ist, mach das Spiel einfach weiter mit." Nur so konnte ich mein aufwendiges Leben locker finanzieren. Als ich mir ein neues Auto kaufen wollte, gab sie mir 5000 DM dazu.

Sie kaufte mir in Boutiquen teure Anzüge, Hemden und, aus Dankbarkeit, auch einen schönen Siegelring. So vergingen weitere drei Monate. Eines Tages trafen wir eine Frau, mit der sie sich immer im Café getroffen hat.

Sie überraschte uns, als wir Hand in Hand durch den Park gingen. Total erstaunt darüber, fragte sie, was das zu bedeutet hatte. Sie gestand der Frau das wir befreundet wären.

Pikiert schaute sie uns an und fragte hämisch: „Ist dein kranker Mann darüber informiert?" Sie verneinte und sagte: „Bitte, tu mir ein Gefallen und behalte das für dich." Mir lächelte sie nur zu.

Ihr war das mehr als peinlich. Tags darauf ging ich alleine ins Café, wo ich die besagte Frau kennengelernt hatte. Und siehe da, die anderen Damen, die immer dort saßen, waren auch an diesem Tag da.

Ich merkte sofort, dass sie über mich redeten. Die eine Dame lächelte zu mir rüber und meinte, ich müsste doch nicht so alleine dasitzen, ich sollte ihnen doch Gesellschaft leisten.

Ohne zu zögern, setzte ich mich zu den drei Damen an den Tisch. Ich merkte: Es herrschte eine gewisse Anspannung. Direkt wollte sie mich nicht ansprechen, aber sie machten Bemerkungen über das Verhältnis zu ihrer Freundin.

Dann fing die eine an zu reden und meinte, ob ich wisse, dass sie verheiratet sei und einen kranken Mann zu Hause hätte. Natürlich sagte ich, dass ich informiert darüber sei. „Aber", sagte ich, „sie ist alt genug und muss wissen, was sie tut."

Die Unterhaltung wurde lockerer, man trank Kaffee und eine von den drei Damen gab eine Runde Champagner aus. Ich bin kein Freund von Champagner, sondern trinke lieber einen guten Wein.

Ich ließ mir aber nichts anmerken und trank mit. Mit einem Mal kam eine Runde Asbach Uralt. Ich sagte: „Hat jemand Geburtstag von Ihnen?" Sie verneinten das alle und sagten, das wäre ihr Ritual, wenn sie sich hier treffen würden.

Plötzlich merkte ich, dass die Dame, die uns im Park gesehen hatte, immer mehr mir zugetan war. Sie lächelte mich ständig an, flirtete mit mir und gab mir zu verstehen, dass sie nicht abgeneigt wäre, mich näher kennenzulernen.

Sie war auch 68 Jahre, verwitwet und sehr vermögend. In diesem Café trafen sich am Nachmittag überwiegend reiche Personen. Die nicht wussten, was sie mit ihrem vielen Geld alles anstellen sollten.

Da fragte mich die Dame vom Park, was ich beruflich machen würde und wieso ich so viel Zeit hätte, mittags hier im Café zu sitzen. Das wäre doch ungewöhnlich. Ich sagte ihr nur, dass ich im Außendienst-Verkauf sei und mir die Arbeit einteilen könnte, wie ich es möchte.

Daraufhin wurde sie hellhörig und bohrte weiter. Sie wollte immer mehr über mich erfahren. Ich merkte sofort, wo das hinführte. Wir unterhielten uns angeregt und ich fing an, Gegenfragen zu stellen.

Man kam sich immer näher und sie gab mir zu verstehen, dass wir uns woanders weiter unterhalten sollten. Ich verabschiedete mich von den drei Damen und ging. Wartete aber 100 Meter weiter auf sie.

Es dauerte keine fünf Minuten und sie kam zu mir. Wir gingen zu meinem Auto und fuhren außerhalb der Stadt in ein kleines Wäldchen. Ich hatte stets alkoholische Getränke im Kofferraum meines Autos.

Wir tranken Cognac mit Cola. Es dauerte keine zehn Minuten und wir küssten uns. Es kam, wie es kommen musste, ich zog ihr den Slip aus und wir schliefen zusammen. Kein schönes Erlebnis im engen Auto, aber wir taten es.

Natürlich hat das ein paar Tage später ihre Freundin, mit der ich zusammen war, erfahren. Wie, keine Ahnung, aber sie sprach mich an und meinte, ob an dem Gerücht was dran wäre.

Wir vermuten, die zwei anderen Damen, die auch im Café saßen, haben es ihr zugetragen. Ich dachte, es hat keinen Sinn, zu lügen, sie wüsste es bereits. Sie hat sofort das Verhältnis mit mir beendet.

Die neue Dame, mit der ich mich nun immer traf, war Witwe und wohnte alleine in ihrem schönen Haus. Dort trafen wir uns stets zu einem Liebestreffen. Es hat mir unendlich gut gefallen.

Auch sie meinte, mich durch Geschenke und mich zu verwöhnen zu halten. Ich nutzte die Situation in vollen Zügen aus. Nach einigen Monaten habe ich dann die Beziehung beendet. Ich ging auch vorläufig nicht mehr in das Café.

Sehnsucht nach Geborgenheit

Meine Mutter wurde 1975 schwer krank. Sie war 49 Jahre alt, kam ins Krankenhaus und sollte an der Galle operiert werden. Ich besuchte sie an einem Sonntag dort, streichelte ihr über die Wange und sagte: „Mutti, es wird alles wieder gut."

Acht Tage später bekam ich einen Anruf von meiner Schwester. Sie überbrachte mir die traurige Nachricht, dass meine Mutter nachts mit dem Helikopter in die Uniklinik gebracht wurde.

Auf dem Flug dorthin ist sie verstorben. In mir brach eine Welt zusammen. Ich spürte deutlich, dass der Tod meiner Mutter in mir etwas auslöste. Ich kann es nicht erklären, aber für mich war plötzlich alles anders.

Das Fatale aber war, dass ich nicht trauern konnte. Meine Seele trauerte innerlich. Nach außen hin verkörperte ich den starken Mann. Ich ging mit meinem Freund weiterhin weg zum Tanzen, obwohl das nicht angebracht war.

Aber ich konnte einfach nicht anders, ich wollte nur raus unter Menschen. Vor allem Frauen kennenlernen. Ich nahm alles mit, was ich kennenlernte. Mit fehlten die wöchentlichen Besuche bei meiner Mutter.

Das Defizit durch meine Mutter, die auf einmal nicht mehr da war, löste in mir eine Beeinträchtigung und Leere aus. Mir fehlte der Küchentisch, wo ich mich hinsetzen und mit ihr reden konnte.

Alles war gerade Shit in mir. Alle sagten zu mir, glaube uns, es wird wieder besser. Seit dem Tod meiner lieben Mutter trank ich sehr viel Alkohol. Es herrschte eine Welle des Schweigens.

Ich wünschte mir manchmal einen Chor von Hunderttausend, die müssten mich trösten. Mir fehlte einfach die Zuneigung meiner Mutter. Ich sagte mir, so könne es nicht weitergehen, es müsste sich grundlegend etwas ändern.

Ich war 28 Jahre alt, gesund, vital und voller Tatendrang. Meine Beeinträchtigungen, die mich täglich begleiteten, mussten sich von nun an in Grenzen halten. Schließlich hatte ich einen Beruf, den ich nicht vernachlässigen durfte.

Zu meinem Erzeuger hatte ich zunächst sehr wenig Kontakt. Eines Tages rief er mich an und meinte, er würde jetzt wo anders wohnen. Er hatte sechs Monate nach dem Tod meiner lieben Mutter durch eine Kontaktanzeige eine andere Frau kennengelernt.

Er zog kurze Zeit später bei ihr ein. Für uns Kinder war das die reinste Katastrophe. Auf der anderen Seite sagten wir, da er ja ein richtiger Alkoholiker war: „Vielleicht ist er dort gut aufgehoben und wir haben ihn vom Hals.

Bis er mich eines Tages mit der neuen Frau in meinem Appartement besuchte. Ich lernte die neue Frau an seiner Seite kennen und dachte: „Na ja, sie macht ja einen recht guten Eindruck."

Ein Vergleich zu meiner Mutter war nicht vorhanden, wollte ich auch nicht. Innerlich konnte und wollte ich mich niemals von meiner Mutter lösen. Ich spürte deutlich eine innere Abneigung gegenüber der neuen Frau meines Vaters.

Ich habe mir das aber nicht anmerken lassen. Man macht gute Miene zum bösen Spiel. Ich empfand das Handeln meines Erzeugers als Verrat an meiner Mutter. Und mein Verhältnis zu meinem Erzeuger hat sich noch mehr zum Negativen verändert.

Das Wesentliche, was ich aus dieser Veränderung aus meiner Familiengeschichte gelernt habe: Alles ist vergänglich, aber die Liebe zu meiner Mutter niemals – und dass Schicksale miteinander verbunden sind.

Und dass man negative Energien aus der persönlichen Geschichte nicht zuschütten kann, um sich von der Vergangenheit zu trennen. Sie sprießen aus allen undichten Stellen und drängen unweigerlich an die Oberfläche.

Wenn sie aber nicht im eigenen Leben ans Tageslicht kommen, werden die negativen Energien auf die nächste Generation übertragen. Es war meine Hartnäckigkeit, mit der ich die Verkettung der verschiedenen Einflüsse schließlich entwirrte.

Doch zunächst nahm ich die derzeitige Situation mit meinem Erzeuger und seiner neuen Frau hin und verdrängte die unendlichen Leiden, die er meiner Mutter zugefügt hatte.

Ich habe mittlerweile gelernt, mein eigenes Leben zu verstehen. Ich habe gelernt, zu leben, weil ich dadurch meine Persönlichkeit entdecken konnte. Letztendlich ist der Umgang mit den Schatten meines Lebens sehr erkenntnisreich und heilsam gewesen.

Ich weiß, dass die Schatten sich verflüchtigen, wenn sie ans Tageslicht kommen. Eine tiefsitzende Angst in mir ist mir dadurch genommen worden und der Schmerz meiner verlorenen Mutter hat sich für mich in allerletzter Konsequenz in persönliche Freiheit verwandelt.

Zurück zu meiner Jugend

In meiner Familie mütterlicherseits wurde viel über die Zeit der Kriegsjahre gesprochen. Man erzählte uns Kindern die schrecklichen Erlebnisse, die den Frauen, was Missbrauch betraf, angetan wurde.

Man tat das bewusst, um uns auf das künftige Leben vorzubereiten. Von mordenden Russen und Erschießungen von Familienmitgliedern war die Rede. Man konnte das als Kind nicht nachvollziehen, nahm es aber zur Kenntnis.

Doch trotz des offenen Umgangs mit dem Thema ist es umso erstaunlicher, dass die persönlichen Traumata nicht angegangen wurden. Das Wesentliche, was ich aus der Geschichte und der Beschäftigung gelernt habe, ist, dass alle Schicksale miteinander verbunden sind.

Wir alle tragen das Glück und Unglück aller mit. Es ist ein fataler Trugschluss, zu denken, dass man negative Energie aus der persönlichen Geschichte zuschütten kann, um sich von der Vergangenheit zu trennen.

Sie sprießen – wie erwähnt – aus allen undichten Stellen und drängen unweigerlich an die Oberfläche. Mein Erzeuger meint, wir hätten als Kinder nicht viel mitbekommen. Das Gegenteil ist der Fall: Wir wissen fast alles.

Er hatte nur die Volksschule besucht. Nachdem er meine Mutter geheiratet hatte, war er Hilfsarbeiter auf dem Bau. Er berichtete uns immer wieder, er wäre in russischer Gefangenschaft gewesen.

Er versuchte immer, sich in ein besseres Licht zu stellen. Was ihm aber nicht gelang – und das verdrängte er im Alkohol, bis er alkoholkrank wurde. Er war sozusagen ein Mitläufer. Die Brüder meiner Mutter hatten alle etwas erreicht.

Sie bauten sich Häuser und sorgten gut für ihre Familien. Das konnte er wahrscheinlich nicht gut ertragen. Wir vermuten heute, dass er deswegen meine Mutter misshandelte. Wenn er genug getrunken hatte, war er nach außen hin der große Macher.

Meine beiden Eltern waren in den 20er-Jahren zur Welt gekommen. Sie wuchsen in ärmlichen Verhältnissen auf. Für uns Kinder war vieles unfassbar. Wir wohnten in einer 55 Quadratmeter großen Wohnung ohne Bad und WC. Das befand sich im Treppenhaus.

Für mich ist das heute nicht nachvollziehbar. Aber das war das Haus unserer Großeltern. Meine Mutter gehörte zu den Mädchen an der Schule, die man kannte, weil sie auffällig schön war.

Sie machte auch die mittlere Reife, konnte aber nicht studieren – zum einen wegen dem Krieg, zum anderen musste sie zum Unterhalt etwas beitragen, weil einfach kein Geld vorhanden war.

Zurück zu den 50er-Jahren: ein kleiner Hoffnungsträger

Als Kind sammelte man Wörter, täglich kamen neue hinzu und man lernte die wichtigen von den unwichtigen zu unterscheiden.
Ich erinnere mich: Krieg gehörte damals einfach zu meinem Wortschatz. Als Kind wurde ich oft ermahnt, nicht von Krieg zu reden. Oft konnte ich in dieser Zeit vor Angst nicht einschlafen.
Da gab es ein Geräusch, von dem ich nicht wusste, was es war. Kam es wieder von meinem Erzeuger, der wieder einmal Gewalt an meiner Mutter verübte, oder fing der Krieg wieder an?
Es hörte sich dumpf, rhythmisch und sehr bedrohlich an. Meine Schwester und ich kannten nur die Gewalt meines Vaters und dachten: „Es ist wieder so weit!" Erst später begriffen wir, dass es die Bässe der Musik waren, die aus der Wohnung unserer Nachbarn kamen.
Wir waren einfach traumatisiert. Ich wurde, wie bereits erwähnt,1947 geboren. Es gab viele in meinem Alter. Wir waren etwas Besonderes, denn es gab nur wenige in meinem Alter.
Denn viele Säuglinge sind in den ersten Lebensjahren an der Epidemie verstorben. Statistiken hierüber wurden nicht geführt. Keine Frage, wir waren die Hoffnungsträger der zerstörten Heimat, sozusagen das Licht am Ende des Tunnels.
Das sagt sich so leicht dahin, aber in meinem Fall kann ich das beweisen. Meine Mutter hinterließ uns eine Mappe mit Glückwünschen zu meiner Geburt. Ich habe sie mir im Laufe meiner Jugend oft angesehen.
Leider ist die Mappe abhandengekommen, denn je älter ich wurde, desto öfters hätte ich sie mir gerne angesehen. Sie hatte mich sehr berührt. Als ich geboren wurde, gab es kaum vorgedruckte Karten zu kaufen.

Deswegen hatte die Mappe in meinen Augen einen hohen Stellenwert für mich. Dünne Bleistiftränder haben verraten, dass das Papier ursprünglich anders genutzt wurde. Viele gute Glückwünsche sind auf schwarzem Fotokarton zu lesen, oder auf braunem gebrauchtem Packpapier.

Aus vielen Glückwünschen in Briefen oder Karten sprach große Freude, fast so, als wäre mit mir noch einmal das Christkind auf die Welt gekommen. Die meisten Gratulanten hatten sich die Zeit genommen, etwas zu zeichnen. Man war damals sehr kreativ!

Dekorative Schriftzüge, Blumen umrahmten die Glückwunschkarten, die das Familienglück beschworen. Manche schrieben auch rührende Gedichte. Es ist schade, dass diese Mappe nicht mehr vorhanden ist.

Wir wohnten ja in ländlicher Umgebung. Autos gab es fast nicht. Wie durften als Kinder herumlaufen, wo wir wollten – und das ohne Aufsicht. Während meine ältere Schwester bereits in der Schule war, ging ich mit den Nachbarskinder nauf Entdeckungsreise.

Oft ging jemand an uns vorbei, kniete sich zu uns herunter und gab uns Süßigkeiten und sprach ein paar nette Worte zu uns. Bei meinem Erzeuger war von Zuneigung dieser Art wenig, ja überhaupt nichts zu spüren.

Deutschland lag in Schutt und Asche und keiner wusste, ob es jemals wiederaufstehen würde. Die Spuren des Krieges waren deutlich sichtbar. Wie alle Eltern dieser Zeit brauchten sie ihre ganze Kraft für den Überlebenskampf.

Doch mein Erzeuger hatte die wundervolle Gabe, genug Essen herbeizuschaffen. Da war er ganz groß drin. Das einzige Manko, das er hatte, war: Man sollte die Kinder nicht so verwöhnen, denn das sei ein kapitaler Fehler.

Man sollte die Kinder schon im frühen Alter daran gewöhnen, dass man für alles hart kämpfen muss. Umso schöner war es für uns Kinder, dass es außerhalb unserer Wohnung Menschen gab, die sich freuten, wenn sie uns Kinder sahen.

Aus beiden Thesen entwickelte sich das, was ich später benötigte, um meine Neugierde zu stillen, Unbekanntes zu erforschen und zum anderen das Gefühl, in einer mir fremden Umgebung grundsätzlich willkommen zu sein.

In den Fünfzigerjahren war die Welt noch nicht im Reinen. Auf ganz Europa lasteten die Folgen eines verheerenden Krieges. Die Spuren waren an jedem Ort sichtbar. Die Menschen in Ost und West bemühten sich möglichst, nicht an den Holocaust zu denken.

Noch 1970 empfand fast die Hälfte der Westdeutschen den Kniefall von Willi Brandt am Mahnmal für die Opfer des Warschauer Ghettos als übertrieben. Das ergab eine Umfrage.

Ende der Fünfzigerjahre begannen sich die Verhältnisse zu stabilisieren. Auch meinen Eltern war es gelungen, ihr Leben wieder in normale Bahnen zu lenken. Ich sehe noch meinen Erzeuger, dass er immer eine Kappe trug, wenn er von zu Hause wegging.

Irgendwie sah es eleganter aus als heute. Ich finde heute noch Hüte und Kappen, ob bei Mann oder Frau, sehr schick. Auch denke ich, die Hüte schienen ihnen auch etwas Unnahbares zu geben, im Unterschied zu den heutigen Baseballkappen.

Arbeitseifer und Wirtschaftswunder machten Dinge möglich, von denen man wenige Jahre zuvor nur geträumt hatte. Als immer mehr Nachbarn ein Auto besaßen und immer mehr Urlaubskarten vom Mittelmeer eintrafen, als die ersten italienischen Eisdielen öffneten und Elvis Presley als GI nach Deutschland kam, da war klar: Man hat das Schlimmste überstanden.

An den Schulen in Deutschland unterrichteten überwiegend ältere Lehrerinnen und Lehrer. Streng und leicht gereizt. Mit körperlicher Züchtigung waren sie schnell bei der Hand.

Wir hatten eine Lehrerin und einen Lehrer, die nur Furcht und Schrecken verbreiteten. Wenn sie das Klassenzimmer betraten, waren wir alle sehr angespannt und ängstlich. Überwiegend schauten sie neutral, häufig aber waren sie schlecht gelaunt.

Jede kleine Unregelmäßigkeit schien sie zu stören. Heute weiß ich: Ihre Stressanfälligkeit war enorm hoch, ihnen steckte wahrscheinlich noch der Krieg in den Knochen.

Manche Lehrer schlugen noch mit dem Stock und wurden nur deshalb nicht gebremst, weil in vielen Elternhäuser nichts anderes geschah und Solidarität mit den Kindern ein Fremdwort war.

Wenn ich mich zu Hause über den Lehrer beschwerte, kam die Antwort von meinem Erzeuger: „Hättest dich anständig benommen, wäre das nicht passiert!" Er duldete keinen Widerspruch.

Man lernte lachen, ohne zu weinen

Hinter unserer Schule sahen wir täglich Ratten nach rechts und links rennen. Vom Wasser weg über den Weg zu den Mülleimern. Manche Tiere waren so groß, dass man schon Angst vor ihnen bekam. Wir bewarfen sie mit Steinen. „Es ist ekelig!", sagte mein Freund zu mir. „Komm!", sagte ich zu ihm. „Wir kaufen uns Zigarillos und Bier und setzen uns auf die Bank dort nebenan." Wir kauften uns für 20 Pfennig zwei Zigarillos und zwei Flaschen Bier und machten einen auf erwachsen. Als wie damit fertig waren, also Zigarillos und Bier alle waren, wurde uns übel.

Es war samstags und wir gingen schon frühmorgens zu unserem Kohlehändler, um zu arbeiten. Wenn der Tag zu Ende war, hatten wir jeder so 20 bis 25 DM verdient, Das war zum damaligen Zeitpunkt viel Geld.

Dadurch konnten wir wie jeden Sonntag zum Tanztee gehen. Viele haben uns beneidet, weil wir immer Geld in der Tasche hatten. Womit wir das verdient haben, darum hat uns aber keiner beneidet.

Beim Tanztee trafen wir Mädels aus unserer Clique. Man tanzte viel miteinander, gab den Mädels auch eine Cola aus – wir tranken standesgemäß Bier und waren am Ende der Tanzveranstaltung ganz schön angeheitert.

Dann gingen wir immer mit den Mädels zum kleinen Wäldchen. Hatten Zigaretten dabei und gaben den Mädels natürlich auch zu rauchen. Irgendwie hatten wir alle oft Liebeskummer, weil die Mädels nicht so wollten, wie wir gerne gehabt hätten.

Mehr wie Knutschen und Fummeln war zunächst nicht drin. Wir waren 13 und 14 Jahre alt und wollten schon mehr. Es wurde Frühling, die Sonne wurde von Tag zu Tag wärmer und es kamen die Osterferien.

Immer in den Ferien kam ein junges gut aussehendes Mädchen aus Essen zu ihrer Oma und Opa in unsere Stadt. Heute würde ich sagen, war sie uns schon etwas voraus, was die Sexualität betraf.

Eines Tages verabredeten mein Freund und ich uns mit ihr. Pünktlich um 14:00 Uhr war sie da. Sie hatte eine Jeans, eine Bluse darüber und eine leichte Strickjacke an. Sie sah sehr reizvoll aus.

Wir gingen zu dritt, d. h. mein Freund sie und ich, in unser kleines Wäldchen. Dort angekommen, legten wir uns auf den weichen Boden. Ich knutschte mit ihr, während mein Freund an ihren Beinen herumfummelte.

Sie ließ alles über sich ergehen. Als ich sie fragte, ob sie schon mal richtigen Sex hatte, bejahte sie das. Es war ein älterer Junge von 22 Jahren, sie war 13 Jahre und er hatte ihr damals ihre Unschuld genommen.

Auf die Frage, die wir ihr stellten, ob sie sich das auch mit uns vorstellen könnte, meinte sie nur: „Warum nicht?" Um ganz ehrlich zu sein: Wir waren so mit ihrer Antwort überfordert, dass wir nicht den Mut hatten, mit ihr zu schlafen.

Wir verabredeten uns für den Tag darauf und da wollten wir mit ihr schlafen. Sie willigte ein. Am nächsten Tag waren mein Freund und ich total aufgeregt, obwohl ich schon Sex hatte, aber das war nun eine andere Situation.

Wir dachten: „Machen wir alles richtig, blamieren wir uns auch nicht!" Denn sie hatte ja schon mehr Erfahrung als wir gesammelt. Ich sagte zu ihm: „Warum sollen wir uns blamieren?"

Wir gingen in ein Geschäft, kauften uns eine kleine Flasche Korn und zwei Flaschen Bier, außerdem eine Cola. Wir packten eine Decke und alles andere in einen Rucksack und gingen los.

Pünktlich ist sie angekommen. Zunächst trank jeder von uns einen Schluck Korn aus der Flasche, wir tranken Bier und sie trank Cola. Wir fingen an, mit ihr zu fummeln und zu knutschen.

Ohne dass wir etwas dazu beigetragen haben, zog sie auf einmal ihre Jeans aus und sie lag mit ihrem Slip neben uns. Keiner traute sich, den Anfang zu machen. Wir tranken weiter Bier und Korn.

Dann war unsere Hemmschwelle wie weggeblasen. Ich zog ihren Slip aus und knöpfte meine Hose auf, zog diese halb herunter, ebenso meine Unterhose und legte mich auf sie drauf.

Mein erregter Penis war nicht mehr zu übersehen. Ich versuchte, in sie einzudringen, was zunächst nicht gelang. Ich kam einfach nicht in sie rein. Ich muss sagen, sie war noch nicht feucht genug.

Dann wurde sie feucht zwischen ihren Beinen, nahm meinen Penis in ihre Hand und führte ihn in sich rein. Ich war so erregt, dass es keine zwei Minuten dauerte, bis ich gekommen bin.

Danach legte ich mich von ihr herunter und mein Freund tat genau das Gleiche wie ich auch. Er kam viel schneller rein als ich, da sie bereits sehr feucht zwischen ihren Beinen war. Auch bei ihm dauerte es noch nicht einmal zwei Minuten und er ist auch gekommen.

Ich muss gestehen, es war bei uns allen drei etwas Scham dabei. Aber der Alkohol enthemmte uns und somit sahen wir das plötzlich recht locker. Wir kamen uns vor wie die Größten.

Wir zogen unsere Kleidung wieder an und tranken die Flaschen leer und gingen anschließend mit ihr wieder in die Kleinstadt zurück. Dort luden wir sie in die Eisdiele ein und alle aßen ein Eis.

Irgendwann musste sie nach Hause. Wir verabschiedeten uns und sie ging. Wir haben das natürlich gleich unseren Freunden erzählt, was wir erlebt hatten. Dämlich, kann ich heute nur sagen, das Mädchen so hinzustellen, als wäre sie eine Schlampe.

Irgendwie hatten wir auf einmal alle Liebeskummer. Denn die Ferien waren zu Ende und sie musste wieder zurück nach Essen, wo sie mit ihren Eltern wohnte. Sie sagte zum Abschied: „Tschüss, bis in den Sommerferien!"

Sie weinte beim Abschied, ich nahm sie in den Arm und weinte fast mit, denn ich hatte mich unsterblich in sie verliebt. Jeder Zweite aus unserer Clique hatte irgendwie Liebeskummer.

Viele Mädchen trennten sich von den Jungs, weil sie geistig und mental den gleichaltrigen Jungs weit voraus waren. Das Leben in unserer Kleinstadt verlief wie gewohnt, ohne große Vorkommnisse, weiter.

Der Frühling ging zu Ende und es hat sich nicht viel getan in unserer Clique. Außer dass wir uns alle ein Moped zulegten. Damals war der große Renner die Florett ein 50 ccm Moped.

Wir gründeten einen Moped-Club. Acht von uns Jungs hatten so ein Moped, die anderen hatten kein Geld, um sich so etwas zu kaufen, und fuhren, wenn wir wieder eine Tour machten, hintendrauf mit.

Die Mopeds hatten einen Sozius und waren für zwei Personen zugelassen. Wir trafen uns täglich in unserer Eisdiele beim Italiener. Dort verbrachten wir die meiste Zeit, spielten Billard oder Flipper.

Das war so in der damaligen Zeit unser Lebensinhalt. Wieder gingen mittlerweile sechs Freunde aus unserer Clique samstags mit zum Kohlenhändler, um Briketts und Kohle in Jutesäcke zu befüllen, um diese anschließend auszuliefern.

Dadurch waren wir immer flüssig, was unser Taschengeld betraf. Es kamen die Sommerferien und unsere kleine Sexfreundin aus Essen tauchte gleich zu Beginn der Ferien wieder auf.

Sie war eine sehr stolze Persönlichkeit, sah verdammt gut aus und hatte für ihre 15 Jahre einen beachtlichen Busen. Sie war frühreif, das merkte man sofort, wenn man sich mit ihr unterhalten hat.

In Essen, so sagte sie uns, hatte sie einen festen Freund. Der aber wüsste nichts von uns. Es dauerte keine zwei Tage und mein Freund und ich trafen uns mit ihr und wir schliefen wieder zusammen. Und das immer ohne Schutz.

Damals war das noch nicht so mit der Pille. Aber sie schien sich darüber gar keinen Kopf zu machen. Wir schliefen fast dreimal in der Woche mit ihr. Immer zu dritt. Die Sommerferien waren zu Ende und sie fuhr wieder nach Hause.

Eines Tages kam ein Brief von ihr zu mir nach Hause. Sie teilte mir mit, dass sie schwanger und im dritten Monat schwanger wäre. Ihr Freund war ja vier Jahre älter als sie. Sie schrieb mir, sie könnte nicht zu 100 % sagen, wer der Vater des Kindes sei.

Aber sie schrieb auch, wir brauchten uns keine Sorgen zu machen, ihr Freund sei der vollen Überzeugung, der Vater zu sein und er würde voll dazu stehen. Denn wenn er herausbekommen würde, dass sie ihn mit uns betrogen hätte, würde er voll ausrasten.

Also beließen wir es dabei und sie kam nie mehr in den Ferien in unsere Kleinstadt. Sie schrieb mir neun Monate später, dass sie Mutter einer supersüßen Tochter geworden wäre. Ihr Freund erkannte das Kind an und somit war wieder einmal eine Episode zu Ende.

Mir fehlte total der Bezug, nicht irgendeinen Gedanken hatte ich daran verschwendet, wer wohl der Vater des Kindes sein sollte. Man könnte es auch Mangel an Charakter nennen.

Es ist schon fast peinlich, wie gut mein Freund und ich uns angesichts des fatalen Unglücks, was passiert war, verstanden. Mein Freund war von der gleichen Sorte wie ich. Wir haben unsere Jugend miteinander verbracht.

Wir haben heute noch Kontakt und wenn wir uns sehen, kommen die Erinnerungen immer mal wieder hoch und wir reden darüber. Aber wir haben beide einen Schlussstrich unter die Sache gezogen.

Im Grunde war ich früher schon ein Weichei und Feigling – und der bin ich bis zum heutigen Tag geblieben. Durch meine verkorkste Jugend und die Gewalttätigkeiten meines Erzeugers war ich nah am Wasser gebaut.

Ich zeigte aber meine Schwäche nie nach außen, da präsentierte ich mich als starke Persönlichkeit. Und seltsamerweise akzeptierten und bewunderten alle meine Freunde mein starkes Ich.

Ich war immer derjenige, der Mädels oder Frauen klarmachte. Sie alle hatten ihren Nutzen davon. Deswegen wurde ich sozusagen als Sprecher toleriert. Ich erinnere mich, wir standen mit unseren Mopeds vor einem Kaugummiautomaten.

Die Jungs schauten sich um, sahen auf den Kaugummiautomaten, bekritzelten ihn mit ihren Filzstiften. Ein älterer Herr kam vorbei, sah das und fragte, was das zu bedeuten hätte. Ich sagte ganz frech: „Wir verewigen hier unser Kunstprojekt!"

Durch meine Vergewaltigung in der Jugend bin ich fast auf die schiefe Bahn geraten. Doch mein weitblickender Verstand und die Angst vor meinem Erzeuger hielten mich vor größeren Schandtaten zurück.

Als der Herr verschwunden war, fingen wir an, den Kaugummiautomaten zu manipulieren. Wir schafften es, dass die Kaugummikugeln aus dem Automaten fielen, ohne dass wir Geld eingeworfen hatten.

Das war schon Sachbeschädigung und auch kriminell. Der eine Freund trat erneut an den Automaten und schrie triumphierend auf, als der Automat die Kaugummikugeln ausspuckte.

„Geil!", sagte der eine, hält eine Kugel in die Höhe, grinste und meinte: „Das sollten wir mal mit einem Zigarettenautomaten versuchen!" Was wir auch am Tag darauf versuchten. Wir sind aber kläglich daran gescheitert.

Daraufhin sagte ich: „So etwas mache ich nicht mehr mit!" Viele meiner Freunde stimmten mir zu und spontan beschlossen wir, das künftig auch sein zu lassen. Stattdessen fingen wir an, viel Sport zu betreiben.

Montags gingen wir alle in den Boxverein, dienstags zum Schwimmen, mittwochs zum Prellball, donnerstags Turnen und freitags wieder zum Schwimmen. Es hat uns auf andere Gedanken gebracht und mächtig viel Spaß gemacht.

Ich lernte ein gleichaltriges Mädchen im Alter von 16 Jahren kennen. Sie erlernte den Beruf einer Friseuse. Mein Freund hatte kein Bock auf eine feste Freundin, sondern hing weiterhin mit unserer Clique zusammen.

Ab und zu ging ich noch zu ihnen, aber man merkte: Der Trend ging mehr in Richtung Freundin. Meine Freundin hatte ebenfalls eine Freundin, die mit meinem anderen Freund gehen wollte.

Wir organisierten ein Treffen mit den beiden und nach einer gewissen Zeit verliebten sie sich ineinander. Es verging fast kein Tag, an dem wir nicht zusammen etwas unternahmen. Mein Freund hatte ein großes Zelt von seinen Eltern zu Weihnachten geschenkt bekommen.

Am Wochenende sagten die beiden Mädels zu ihren Eltern, sie würden zusammen über Nacht bei der einen schlafen. Jede sagte das gleiche zu Hause und somit hatten beide über Nacht Zeit, mit uns zelten zu gehen.

Wir fuhren mit unseren Mopeds an die Lahn. Dort bauten wir zusammen das Zelt auf.

Als alles fertig war, gingen wir dort in eine Kneipe. Wir tranken Bier und Apfelwein und haben etwas zusammen gegessen.

Anschließend so gegen 22:00 Uhr gingen wir in unser Zelt, spannten in der Mitte des Zeltes eine Decke, sodass wir von den anderen beiden zwar räumlich getrennt waren, wir hörten aber alles, konnten aber nichts sehen. Es gab ein wildes Sexleben in dieser Nacht.

Man hörte nur die Mädels stöhnen. Sie waren mit diesem Zustand offensichtlich sehr zufrieden. Wir genossen die Zeit und haben öfter in der Nacht Sex mit unseren Freundinnen gehabt.

Sonntags sind wir dann gegen 15:00 Uhr wieder nach Hause gefahren. Wir gingen anschließend in die Kneipe, tranken viel – zu viel, wie wir im Nachhinein feststellen mussten. Denn uns war so übel, dass mein Freund sich übergeben musste.

Wir fuhren zu ihm nach Hause, gingen in die Küche stellten einen Topf mit Fertigsuppe auf den Gasofen und machten uns eine Suppe. Meinem Freund ging es immer noch nicht so gut.

Er rührte im Topf herum, hielt inne und stellte die Gasflamme etwas kleiner, denn es drohte, dass die Suppe überkochte. Dann riss er ein Stück Küchenpapier von der Rolle ab, drehte sich zu mir und wischte sich die Hände mit dem Papier ab.

Er kam auf mich zu, wollte die beiden Teller auf den Tisch stellen, da glitt sein Blick plötzlich von mir weg nach unten auf den Küchenboden, wo er kleben blieb, weil dort ein breiter Klecks Marmelade auf dem Fußboden lag.

Er bückte sich und wischte mit dem zerknüllten Papier die Marmelade weg. Fassungslos starrte ich ihn an, als er wieder auftauchte und fragte, wie die Marmelade dort hingekommen ist.

Er grinste mich nur an und drehte sich wieder zum Herd, um nach der Suppe zu sehen. Er machte ein empörtes Gesicht. „Was ist denn?", fragte ich ihn, er machte ein empörtes Gesicht und meinte nur: „Schau in den Suppentopf!"

Mein Gesicht wurde immer länger, denn die Suppe war hinüber, einfach verbrannt und nicht mehr genießbar. „Ist doch egal!", sagte ich zu ihm. Er meinte nur: „Da sind wir definitiv geteilter Meinung."

Ich hätte mehr aufpassen sollen, waren seine Worte und er verließ die Küche. Er rief mir hinterher, mit Lebensmittel sollte man sorgfältiger umgehen. Na gut, er war Bäcker, seine Eltern hatten eine große Bäckerei und eine andere Einstellung zu Lebensmitteln.

Er grummelte noch eine Weile hin, dann kam er herein, entschuldigte sich bei mir und meinte, er hätte ja Mitschuld und wir sollten das alles vergessen. Dafür war unser Wochenende mit den Mädels zu schön.

Ich sagte zu ihm: „Pass auf, diese Woche hat der eine Supermarkt Linsensuppe im Angebot, da werde ich drei Dosen kaufen." Ich nahm die Schuld um des lieben Friedens willen einfach auf mich.

Meine Freundin hatte ein Problem mit ihrer Figur. Obwohl sie 1,65 Meter groß und 68 Kilogramm wog, war sie der Meinung, abnehmen zu müssen. Ich war nicht der Meinung, sondern sagte zu ihr: „Du musst doch von irgendetwas leben. Du hungerst dich noch zu Tode." Sie aber meinte: „Aber ich lebe doch. Ich muss einfach nur noch etwas abnehmen." Ich habe das alles nicht verstanden.

Ich glaube aber, sie hatte ein schlechtes Gewissen mir gegenüber, weil sie ihre Ideale verraten hatte. Es sollte keiner wissen. Mir fiel nur auf, dass sie immer nach dem Essen zur Toilette ging.

Eines Tages ging ich ihr nach und stellte fest, dass sie alles rauskotzte. Zunächst erschrak ich mich, weil ich mit dieser Situation nicht umgehen konnte. Sie hatte mehr gekotzt als ich vom Saufen, wenn ich mal gefeiert hatte.

Sie bestand ihre Friseurlehre und war überglücklich. Wir feierten eine große Party. Verstanden uns super ohne große Probleme. Doch nach zwei Jahren kam bei mir der Drang nach anderen Frauen hoch.

Es kam, wie es kommen musste, ich betrog sie nach Strich und Faden. Ihre eigenen Freundinnen machten nicht Halt vor mir. Jede wollte mit mir schlafen. Ich hatte teilweise drei Mädels gleichzeitig am Start. Sie bemerkte davon nichts.

Aber ich entfernte mich immer mehr von ihr, ohne dass ich es merkte. Ich hatte ein gutes Einkommen, verdiente recht viel Geld und führte ein Leben auf der Überholspur.

Das Umfeld in einer anderen Stadt

Ich trennte mich von meiner Freundin und zog in eine andere Stadt. Dort lernte ich meine erste Frau kennen. Sie war bildhübsch – schwarze Haare, schlank, super Figur, sehr lange Beine – und trug überwiegend Minikleider oder Miniröcke.

Mich hat das total angemacht. Ich fand auch auf Anhieb eine gut bezahlte Arbeitsstelle. Der Umzug verlief problemlos. Einziger Nachteil war: Ich fand die Wohnung einfach nur scheußlich.

Mein neuer Chef sagte zu mir, er hätte eine schöne Wohnung in seinem Miethaus zu vermieten. Ich sah mir die Wohnung an und sagte sofort zu, diese Wohnung anzumieten.

Ich zog mit meiner Freundin dort ein. Ihre Großeltern hatten einen Damen- und Herren-Friseursalon. Den hätte sie einmal übernehmen sollen, sie hatte aber keine Lust, wie sie immer sagte, fremden Menschen ihre schmutzigen Haare zu waschen.

Sie hatte eine kaufmännische Lehre mit Erfolg abgeschlossen und begann, beim Amtsgericht als Justizangestellte zu arbeiten. Wir kauften erst einmal neue Möbel.

Geld war genug vorhanden, sodass wir das locker bewältigen konnten. Und es war noch Geld übrig für ein neues Auto.

Um kleinere Utensilien für die Wohnung und den Hausstand zu vervollständigen, fuhren wir in ein schwedisches Kaufhaus. Sechs Stunden später schoben wir einen Einkaufswagen von der Größe eines Kleintransporters über den Parkplatz.

Wir brauchten beide unsere Körperkraft, um den dämlichen Metallwagen vollgeladen zu unserem Auto zu schieben. Mit letzter Anstrengung schafften wir es, alles in unser Auto zu laden.

Wir luden in den Kofferraum drei große Blumentöpfe mit Untersetzer, ein kleines Regal fürs Bad, einen Schreibtischstuhl für mich, einen Satz tiefe Teller, Sitzkissen für Stühle in der Küche, flache Teller, zweimal Bettwäsche weiß, vier Spannbettlaken in den Farben Blau, Weiß, Rot und Beige.

Dann wollte sie unbedingt noch eine Blumenvase haben, ich fragt: „Brauchst du die denn unbedingt?" „Nein!", sagte sie. „Aber ich will sie haben! Sitzkissen sind für alte Menschen, die ihren Arsch nicht dabeihaben", sagte sie.

„Na ja, guck mich an!", sagte ich. „Ich brauche sie bei meinem kleinen Po mit Sicherheit nicht!", und packte die Kissen zwischen die Teller ins Auto. „Jetzt muss ich aber erst mal eine rauchen, bevor wir losfahren", sagte sie.

Dann fiel mir ein, dass wir den Duschvorhang vergessen hatten. Sie sah mich etwas merkwürdig an, als wollte sie irgendwas kaputtmachen, so sehr hatte sie sich darüber geärgert.

Ich gebe ihr die Packung mit den Zigaretten. Ich muss gestehen, dass sie vor geraumer Zeit aufgehört hatte, zu rauchen. Doch wenn sie gestresst war, waren die guten Vorsätze wie weggeblasen.

Wir gingen zurück durch die Drehtür. Es kam uns ein Geruch von Hotdogs und Kiefernholz entgegen. „Ach", sagte sie, „jetzt erst mal ein Käffchen und ein Apfelstrudel, wenn wir nochmal rein müssen. Wenn wir damit fertig sind, holen wir den Duschvorhang und nehmen gleich noch ein paar Teelichter mit." Als wir endlich mit dem Kaffee und Apfelstrudel fertig waren, konnten wir den Rest einkaufen.

Zu Hause angekommen, luden wir den Wagen aus und schafften alles in unsere neue Wohnung. Mit Erstaunen stellte ich fest, dass eine Bekannte von mir gegenüber auf der gleichen Etage wohnte.

Ich habe das aber verschwiegen. Wir begrüßten uns kurz, ich sagte: „Wir sind die neuen Mieter hier und das ist meine Frau." Natalie war der Name meiner Bekannten, sie war Französin und wunderschön, hatte eine kleine Tochter Elena.

Sie wohnte mit ihrer Tochter alleine in der Wohnung. Als ich sie begrüßte, bekam sie rote Wangen und wurde zunächst ganz verlegen. Wir gingen in unsere Wohnung und verstauten die Einkaufsutensilien.

Die Tage, Wochen, Monate vergingen. Meine Frau ging ganze Tage zum Amtsgericht zur Arbeit. Ich konnte meine Arbeit gut einteilen, da ich als Außendienstverkäufer von meiner Firma befördert wurde.

Mein Chef machte immerzu Messen. Er brauchte viele Angestellten dort. Obwohl ich noch als Monteur dort arbeitete, nahm er mich mit zum Verkauf. Es stellte sich schnell heraus, dass ich ein guter Verkäufer war.

Dann meinte mein Chef, ob ich nicht an einige Seminaren für den kaufmännischen Beruf teilnehmen möchte. Ich stimmte sofort zu, da ich mich auf dem Bau noch nie wohlgefühlt hatte.

Er bezahlte mir bei vollem Gehalt eine zweijährige Ausbildung zum kaufmännischen Angestellten. Die abschließende Prüfung schloss ich mit Erfolg ab und habe von da an in dieser Firma als Außendienstverkäufer gearbeitet.

Hier war ich sehr erfolgreich. Andere Außendienstverkäufer, die schon eine 20-jährige Erfahrung, was den Verkauf betrifft, hatten, habe ich voll in den Schatten gestellt.

Ich erinnere mich, ich kaufte mir die Tageszeitung. Dort stand eine Anzeige einer Fertighausfirma, die schlüsselfertige Massivhäuser bauten und verkauften. Diese Firma suchte eine Firma, die Heizungsbau, Sanitär und Fliesen für sie einbauen könnten.

Ich rief dort an, bekam einen Termin und wir haben über Details gesprochen, was alles gemacht werden muss. Es handelte sich um 40 Einfamilienhäuser, die zu vergeben waren.

Ich nahm die Pläne und Ausschreibungen mit und ging zu meinem Chef, denn das war doch eine Nummer zu groß für mich. Diese Erfahrung fehlte mir doch noch. Doch der Kontakt war hergestellt.

Mein Chef und Chefin waren total begeistert von mir, solch eine Ausschreibung über 40 Häuser an Land gezogen zu haben. Das verschaffte mir großen Respekt in unserer Firma.

Wir mussten für ein Haus alles ausarbeiten. Dann brauchten wir nur das mal 40 zu nehmen und wir hatten einen Endpreis für alle Häuser. Nach gut einer Woche war das Angebot für 40 Häuser fertig.

Um da nichts mehr falsch zu machen, sagte mein Chef zu mir: „Mach bitte einen Termin aus, wir fahren gemeinsam dorthin!" Zwei Tage später hatte ich mein Termin. Sitz der Firma war in Bad Homburg.

Meine Chefin, mein Chef und ich fuhren gemeinsam nach Bad Homburg. Es war eine super moderne Firma, ausgestattet mit lila Teppichboden, weißen Büromöbeln und alles nur vom Feinsten.

Die Inhaberin war eine Martina H. – gutaussehend, topgekleidet, kurzer Minirock. Sie hat uns empfangen. Man war sich auf Anhieb sympathisch. Wir wurden herzlich begrüßt und tranken zunächst Kaffee und anschließend wurde Sekt serviert.

Die gesamte Verhandlung dauerte bis in den späten Nachmittag hinein. Am Ende wurden wir uns alle einig und bekamen den Gesamtauftrag von rund 220.000 DM.

Ein super Erfolgserlebnis für mich!

In unserer Firma sprach sich das ganz schnell herum und es kam bei einigen Kollegen Neid auf. Gerade bei den Außendienstkollegen. Ich, als Newcomer, der gerade einmal sechs Monate im Außendienstverkauf war, hatte so einen super Auftrag bekommen.

Zur damaligen Zeit war das – wenn man es mit heute vergleichen würde – ein Auftragsvolumen von ca. einer dreiviertel Million. Durch diesen Erfolg hatte ich in der Firma meine Freiheit.

Ich konnte mir meine Arbeit einteilen, wie ich wollte. Ich musste nicht täglich in die Firma, sondern habe viel von zu Hause aus erledigen können. So kam es, dass ich eines Tages meiner frühere Freundin Natalie, die gegenüber im Flur mit Tochter Elena wohnte, begegnete.

Ich ging zum Briefkasten, holte meine Tageszeitung und wollte wieder zurück in mein Büro, das ich mir in meiner Wohnung eingerichtet hatte. Ich wurde das Gefühl nicht los, dass Natalie mir auflauerte.

Sie sprach mich direkt an, sagte höflich: „Hallo, guten Morgen, na schon fleißig?" Ich verneinte das und sagte: „Bin spät heute Nacht ins Bett und muss erst einmal duschen und frühstücken."

„Oh", sagte sie, „das würde ja passen, denn ich habe auch noch nicht gefrühstückt. Was hältst du denn davon, wenn wir beide gemeinsam frühstücken? Elena wird gleich von ihrem Papa abgeholt und ich wäre dann alleine."

„Verlockendes Angebot", sagte ich zu ihr, „sagen wir in 20 Minuten bin ich so weit oder wir machen das so, wenn Elena abgeholt wurde, klingel einfach bei mir an der Tür." Gesagt, getan, 15 Minuten später stand sie vor meiner Tür.

Wir gingen rüber zu ihr in die Wohnung. Es roch nach frisch aufgebrühtem Kaffee. Sie hatte den Frühstücktisch schön gedeckt, es brannte eine Kerze, die Vorhänge waren noch geschlossen, es herrschte eine sehr emotionsgeladene Atmosphäre.

Sie hatte lediglich eine leichte Bluse und kurze Hosen an und sah sehr reizvoll aus. Wir unterhielten uns über die vergangenen Jahre und frühstückten dabei. Auf der anderen Straßenseite wohnte Ronny.

Seine Mutter hatte die Stammkneipe, wo wir uns mindestens dreimal in der Woche alle trafen. Ronny hatte schon früher ein Auge auf Natalie geworfen. Wenn ich richtig informiert bin, hatten die beiden auch mal eine Affäre, was aber nur von kurzer Dauer war.

Wenn Ronnys Mutter nachts nach Hause kam, sang sie immer recht laut aus vollem Hals „Einmal um die ganze Welt und die Taschen voller Geld". Es nervte schon, aber sie war nun einmal die Mutter von unserem Freund und man tolerierte das einfach.

In die Wohnung über uns ist damals, gleichzeitig mit uns, eine Familie S. eingezogen. Eine geschiedene Frau so um die 50, korpulent, mit ihren zwei Töchtern und einem kleinen Neffen.

Die eine hieß Marion, die andere Gudrun und sie hatte das Kind. Aber dazu später mehr. Natalie meinte nach ca. einer Stunde, wir waren mit dem Frühstück fertig: „Was hältst du davon, wenn ich eine Flasche Sekt aufmache?"

Zunächst war ich innerlich erstaunt, ließ mir aber nichts anmerken und sagte: „Das ist eine super Idee!" Sie ging in die Küche, holte eine Flasche Sekt aus dem Kühlschrank und gab mir die Flasche und bat, sie zu öffnen.

Ich hatte gleich das seltsame Gefühl: Hier und heute passiert noch was! Denn es war offensichtlich, was sie vorhatte. Nun gut, ich machte die Flasche auf und schenkte uns die Gläser voll. Wir tranken die Flasche innerhalb von 60 Minuten total leer.

Leicht alkoholisiert, wie wir beide waren, und dann irgendwie Zuneigung zueinander verspürten, kamen wir uns etwas näher. Wir küssten uns und genossen beide die Zärtlichkeiten.

Es kam, wie es kommen musste: Gefühle und die Lust auf Sex überschatteten meine Zurückhaltung, da ich ja verheiratet war. Wir konnten gar nicht genug voneinander bekommen und landeten in ihrem Bett.

Wir schliefen miteinander und ich muss gestehen, es war wunderschön. Es hatte sich nichts geändert im Vergleich zu früher, sondern es war intensiver und total sexy. Absolut hemmungslos fielen wir übereinander her und genossen die Zärtlichkeiten, die wir uns gaben.

Wir vergaßen die Zeit um uns herum und ruckzuck war es 12:30 Uhr mittags. Es klingelte an ihrer Tür. Ich fragte: „Erwartest du Besuch?" Sie verneinte das und ging zur Tür und schaute durch den Spion.

Sie kam erschrocken zurück ins Schlafzimmer, konnte kaum etwas sagen, ich fragte: „Was ist denn los?" Nach einer Pause sagte sie: „Deine Frau steht vor meiner Tür." Ich war geschockt und sagte zu ihr: „Gehe hin und frage, was sie will."

Sie zog sich einen Morgenrock über und ging zur Tür. Meine Frau fragte, ob sie mich gesehen hätte. Spontan und äußerst raffiniert sagte sie: „Ja, ich glaube, ihr Mann wurde von einem Herrn heute Morgen abgeholt, mehr weiß ich leider nicht."

Meine Frau sagte: „Seltsam, sein Autoschlüssel liegt auf der Kommode und ich hatte etwas vergessen, und wollte, dass mein Mann mir das ins Büro bringt. Na ja, er wird sich schon melden, ich lege ihm eine Nachricht hin."

Sie entschuldigte sich und sagte: „So, jetzt muss ich wieder ins Büro." Natalie kam aufgelöst ins Schlafzimmer und berichtete mir, was geschehen war. Ich wurde sehr nervös und mir kam gleich der Gedanke, ob ein Nachbar etwas gesehen haben könnte.

Ich zog mich an, verabschiedete mich von Natalie und ging in meine Wohnung. Sofort rief ich meine Frau im Büro an. Sie meinte: „Wo warst du denn? Ich war in der Wohnung und habe meine Strickjacke geholt. Du hättest sie mir bringen sollen, aber ich habe dich ja nicht erreicht." Ich sagte zu ihr: „Ein Kollege bat mich um Hilfe, der kam bei seinem Kunden nicht klar und brauchte mich."

Ich möchte erwähnen, dass ich nebenbei noch Heizungsberechnungen (Wärmebedarfsberechnungen) für Heizungsanlagen machte. Das hatte ich in meiner Lehre als Heizungsmonteur gelernt und das kam mir als Verkäufer zugute.

Meine Frau war beruhigt und meinte: „Wir sehen uns heute Abend und tschüss." Mir fiel ein Stein vom Herzen und so langsam wurde ich wieder ruhiger. Ich rief Natalie an, um zu berichten.

Auch sie war sichtlich erleichtert, dass alles so gut abgelaufen war. Ich sagte nur zu ihr: „Beim nächsten Mal müssen wir aber aufpassen!" „Beim nächsten Mal?", fragte sie. „Na klar!", sagte ich. „Das war so schön mit uns, das kann nicht ein Ausrutscher gewesen sein, wir werden das intensivieren."

Natalie sagte: „Warum eigentlich nicht, ich habe nichts zu verlieren." Aber der Schock saß noch so tief in mir, dass ich sie in den kommenden drei Wochen nicht mehr traf. Hin und wieder begegnete ich aber der jungen Frau Gudrun S., die über uns eingezogen war.

Auch eines Tages, ich wollte gerade auf Tour zu meinen Kunden fahren, begegnete mir im Treppenhaus Gudrun S. Sie begrüßte mich freundlich und meinte, sie muss zur Bushaltestelle und wollte in die Stadt zum Einkaufen fahren.

Spontan sagte ich zu ihr: „Wenn Sie möchten, kann ich sie bis zur Stadtmitte mitnehmen." Sie nahm mein Angebot gerne an. Sie stieg zu mir ins Auto und fuhr mit. Sie hatte ein teures Parfüm aufgetragen und roch sehr gut.

Ich kam mit ihr ins Gespräch und fragte unverblümt, ob sie Single sei. Mit etwas rotem Kopf bejahte sie meine Frage und meinte nur: „Ja, der Vater meines Kindes hat mich in der Schwangerschaft verlassen."

„So ein Schuft!", sagte ich spontan zu ihr. „Das ist doch das Allerletzte, was man einer Frau antun kann." „Und das Schlimmste ist", so sagte sie, sie müsste sich jetzt vor Gericht den Unterhalt einklagen, da er keine Alimente für das Kind bezahlen würde.

Irgendwie waren wir gleich miteinander vertraut. Sie sagte: „Ich bin nicht in der glücklichen Lage wie Sie." „Woher wollen Sie wissen, dass ich glücklich bin?", fragte ich sie. „Na ja, wenn ich Sie mit Ihrer Frau sehe, kommt es mir so vor, als würden Sie eine glückliche Ehe führen."

„Im Grunde", sagte ich, „will ich mich auch nicht beklagen, aber ich denke immer, es war einfach zu früh für mich, so schnell zu verheiraten, aber es war unsere Tochter unterwegs und ich fühlte mich verpflichtet, hier meinen Mann zu stehen."

„Sie haben doch eine gut aussehende Frau, eine hübsche Tochter, was fehlt Ihnen denn?" Spontan sagte ich: „Meine Freiheit. Ich bin nun mal ein Mensch, der seine Freiheit liebt." Verdutzt sah sie mich an und meinte: „So, vielen lieben Dank, aber hier müsste ich raus."

Wir verabschiedeten uns und ich sagte, locker wie ich nun mal bin: „Bis zum nächsten Mal, aber dann gehen wir einen Kaffee zusammen trinken. Abgemacht?", sagte ich. Zögerlich sagte sie, ich werde es mir überlegen.

Dann traf ich eines Tages Natalie wieder. Wir verabredeten uns außerhalb des Hauses, wo wir wohnten. Ich mietete in einer anderen Stadt ein Hotelzimmer und verbrachte fast den gesamten Tag mit Natalie.

Ich weiß es noch ganz genau, ich habe sie an diesem Tag dreimal geliebt. Ich bekam nicht genug von ihr und umgekehrt sie von mir auch nicht. Anschließend gingen wir noch in ein Lokal und haben dort fürstlich gespeist.

Ich setzte sie zwei Straßen früher ab und sie ging nach Hause. Ich kam zwanzig Minuten später zu Hause an. Niemanden ist etwas aufgefallen. Meine Frau war schon zu Hause, sie hatte gekocht und den Tisch gedeckt.

Ich sagte: „Schatz, leider habe ich schon mit einem Kunden gegessen und habe absolut keinen Hunger mehr." Sie war sehr enttäuscht darüber, aß und stellte anschließend den Rest des Essens weg.

Am anderen Morgen sagte ich zu ihr: „Wir können ja heute Abend den Rest essen. Heute bin ich schon gegen 15:00 Uhr zu Hause. Ich muss noch einige Berechnungen machen. Soll ich noch etwas vorbereiten?" „Nein, brauchst du nicht!", sagte sie etwas angesäuert.

Als ich am nächsten Tag, es war erst 12:00 Uhr zu Hause angekommen war, stand Gudrun S. auf ihrem Balkon und sah mich kommen. Sie winkte mir freundlich zu und meinte: „Na schon, Feierabend?" Ich nickte und sagte zu ihr: „Soll ich einen Kaffee machen?"

Sie meinte: „Ja, warum denn nicht." Wir verabredeten uns für 13:00 Uhr bei mir in der Wohnung. Pünktlich um 13:00 Uhr stand sie vor meiner Tür und klingelte. Ihre Familie kam aus dem Osten. Während sie erzählte, erinnere ich mich, dass damals noch eine weitere Familie ins Haus zog. Hinter vorgehaltener Hand sagte Gudrun zu mir: „Stasi sind das."

Ich konnte damals nicht viel damit anfangen. Ich distanzierte mich auch von Leuten, die damals von drüben hierherkamen. Nur diese Familie S. mit ihren gut aussehenden Töchtern hatte es mir angetan.

Die jüngere Schwester von Gudrun arbeitete bei unserem Hausarzt als medizinische Angestellte. Sie war das Gegenteil von Gudrun: sehr distanziert und zurückhaltend.

Gudrun und ich tranken Kaffee, wir haben uns nett unterhalten, bis sie auf einmal fragte, was passieren würde, wenn meine Frau überraschender weise nach Hause kommen und sie hier sitzen würde.

Ich sagte: „Solange sie uns nicht im Bett erwischt, würde sie nichts dazu sagen, wenn ein Nachbar oder Nachbarin vom Haus hier bei mir wären." „Im Bett?", erwiderte sie. „Klar!", sagte ich. „Warum eigentlich nicht, wäre das so fatal?"

Sie errötete, aber ich hatte das Gefühl oder Empfinden, dass ihr der Gedanke gar nicht so unangenehm war. Als ich das merkte, bohrte ich natürlich weiter und meinte nur: „Wäre das so schlimm für sie?"

„Schlimm auf keinen Fall, aber Sie sind doch verheiratet und haben eine Tochter, da geht das doch nicht!" Ich sagte: „Das Leben ist so kurz, warum sollte man nicht die Annehmlichkeiten mit dem Nützlichen verbinden?"

„Keine Ahnung", sagte sie, „aber wenn ich so darüber nachdenke, wäre der Gedanke gar nicht so übel. Dann machen wir doch das Beste draus und gehen zusammen mal aus!" Sofort bot ich ihr das Du an.

Ich holte zwei Gläser Wein und sagte: „Das geht aber nur, wenn wir beide Brüderschaft zusammen trinken." Ich fackelte nicht lange, stoß mit ihr an und küsste sie leidenschaftlich auf den Mund.

Zu meinem Erstaunen erwiderte sie den Kuss mit ebensolcher Wollust. Sie sagte aber auch gleich zu mir, sie müsste jetzt gehen. Ob es ihr doch letztendlich peinlich war, sich so von mir hinreißen zu lassen? Keine Ahnung.

Sie verabschiedete sich und meinte: „Überlassen wir es dem Zufall!", und ging nach oben. Ich war völlig hingerissen von ihr. Ich würde alles daran setzen, mich so schnell wie möglich mit ihr zu verabreden.

Nun hatte ich zwei Damen im Haus am Start, mit denen ich mich vergnügen konnte. Mit Natalie kam es öfter zum Sex, dann war wieder mal eine Pause von drei bis vier Wochen. Aber wir hielten an der Beziehung fest.

Ich gab keine Ruhe, bis ich Gudrun eines Tages im Treppenhaus traf und fragte, ob ich sie zum Essen einladen dürfte. Spontan sagte sie zu. Wir verabredeten uns an einem Freitagabend.

Zu meiner Frau sage ich: „Wir haben ein Seminar, es kann sehr spät werden."

Gudrun und ich trafen uns an der Bushaltestelle Stadtmitte. Sie war gut gekleidet, roch wieder so verführerisch und stieg zu mir ins Auto. Wir fuhren 25 Kilometer in eine hessische Großstadt. Dort angekommen, gingen wir in ein italienisches Restaurant.

Wir haben dort zunächst Steinpilze als Vorspeise gegessen. Anschließend bestellten wir uns Seezunge mit Beilagen. Es schmeckte verführerisch, wir tranken drei Gläser trockenen Weißwein dazu und abschließend einen Champagner Grappa.

Den Grappa hätten wir besser nicht getrunken, denn der warf uns völlig aus der Bahn, denn er hatte 56 % Alkohol. Ich muss gestehen, ich hatte das aber extra gemacht, damit sie, na ja sagen wir mal so, willig wurde und mit mir schlief.

Wir gingen eine Straße weiter, wo ich ein Hotelzimmer buchen wollte. Dort angekommen, buchte ich ein Doppelzimmer für eine Nacht. Ich bezahlte das gleich und sagte es, könnte sein, dass wir nicht mehr hier frühstücken würden.

Wir sind ohne großes Vorspiel übereinander hergefallen. Sie sagte plötzlich zu mir, es wäre jetzt zwei Jahre her, dass sie das letzte Mal Sex hatte.

Sie war nicht mehr zu bremsen. Ich hatte noch nie eine Frau erlebt, die so feucht zwischen den Beinen wurde wie sie. Es fühlte sich an, als hätte sie uriniert, was aber nicht der Fall war.

Sie sagte nur zu mir: „Sei doch bitte so nett und hole mir mal ein Handtuch!" Damit konnte sie sich die überfeuchte Vagina trocknen. Ich holte das Handtuch, sie putzte sich damit etwas trocken und wir liebten uns weiter.

Mich hat das, um ehrlich zu sein, etwas gestört. „Wie kann eine Frau so übermäßig feucht werden?", dachte ich mir. Aber ich denke, man gewöhnt sich an alles. Der Trieb in mir war stärker als alles andere.

Gegen 01:00 Uhr nachts duschten wir gemeinsam, zogen uns an und traten den Heimweg an. Zu Hause angekommen, setzte ich sie wieder zwei Straßen vorher ab und jeder ging in seine Wohnung.

Seit diesem Erlebnis mit ihr hatte ich keine Ruhe mehr vor ihr. Egal ob ich aus dem Haus ging oder nach Hause kam, stand sie auf ihrem Balkon und winkte mir zu. Eines Vormittags, ich war wieder in meinem Büro, klingelte es an meiner Tür.

Ich schaute durch den Spion und sah sie vor der Tür stehen. Ich machte auf, holte sie schnell herein, damit Natalie nichts davon mitbekam. Sie fragte mich, was los wäre, warum ich sie nicht mehr treffen wollte.

Ich sagte, dass ich momentan arbeitsmäßig sehr viel zu tun hätte. Aber ließ offen, wann ich sie wiedersehen wollte. Um der ganzen Situation zu entfliehen, sagte ich zu ihr: „Pass auf, wir treffen uns am Wochenende, denn da ist meine Frau für zwei Tage weg."

Meine Frau hatte damals ihre Großeltern, die sich im Odenwald für 14 Tage in einem Hotel eingemietet hatten, besucht. Sie nahm unsere Tochter mit. Ich sollte mitkommen, sagte aber: „Du ich kann nicht, ich habe voll zu tun, fahre mal alleine, aber bitte vorsichtig."

Sie fuhr Freitagfrüh gegen 09:00 Uhr los. Beim Abschied sagte sie: Bis Sonntagmittag, so gegen 14:00 Uhr bin ich wieder da."

Meine Frau war weg und ich hatte sozusagen sturmfreie Bude. Freitagabend ging ich zu Natalie und wir hatten wunderschönen Sex miteinander. Samstagabend traf ich mich mit Gudrun und hatten ebenfalls wilden Sex.

Es war Sonntagvormittag, mein Telefon klingelte und eine frühere Bekannte rief bei mir an. Sie wäre in Bad Homburg und würde mich gerne treffen. Ich sagte: „Ich habe aber nur bis 13:00 Uhr Zeit."

„Das passt!", sagte sie. „Ich bin gegen 10:00 Uhr bei dir in der Stadt." Wir verabredeten uns. Sie kam pünktlich hier an. Sie fuhr ein Wohnmobil. Ich parkte mein Auto auf einem großen Parkplatz und stieg zu ihr ins Wohnmobil.

Es dauerte nicht lange und wir lagen bei ihr im Bett. Ich hatte auch sofort eine Erektion und drang in sie ein. Nach einer gewissen Zeit hatte sie ihren Orgasmus. Ich hingegen kam einfach nicht. Ich konnte machen, was ich wollte, ich kam einfach nicht zum Höhepunkt. Ich vermute die zwei Tage zuvor haben mich doch ganz schön mitgenommen, sodass ich im Grunde keine Lust mehr hatte.

Sie fragte mich, was mit mir los wäre. Ich sagte, das hätte mit meinem Stress zu tun, ich hätte so viel Arbeit, dass ich einfach nicht abschalten könnte. Sie nahm das so hin, glaubte mir auch und fuhr nach zwei Stunden weiter.

Sie wohnte im Westerwald ungefähr eine Stunde von meiner Stadt entfernt. Ich hörte danach nie mehr von ihr. Ich fuhr nach Hause, räumte ein wenig auf, setzte mich in mein Büro und fing an zu arbeiten.

Es dauerte keine 30 Minuten und meine Frau kam zwei Stunden früher nach Hause als geplant. Was hatte ich wieder für ein Glück, nicht erwischt zu werden. Ich lud meine Frau zu einem Essen in ein Lokal ein und wir ließen den Abend ausklingen.

Im Treppenhaus zerschmetterten Jugendliche eine große Blumenvase. Ich rannte raus und sah die drei jungen Männer weglaufen. Ich hob die Scherben auf und plötzlich hörte ich eine Frauenstimme, die zu mir sagte: „Entschuldigen Sie bitte, aber was machen Sie hier eigentlich?"

Ich schaute die Dame an und fragte: „Nach was schaut es denn aus?" Sie hatte ihr Kleinkind auf dem Arm. „Ich wohne hier und mache die Scherben weg, die gerade vor ein paar Minuten Jugendliche verursacht hatten."

„Ach so", sagte sie, „ich dachte schon, Sie sind hier der Hausmeister und schaffen am heiligen Sonntag Ihre Arbeit." „Hausmeister?", fragte ich. „Sehe ich so aus?" Sie fing an zu lachen, holte ihren Kinderwagen legte das Kind rein und ging zur Straße.

Ich folgte ihr, denn vor dem Haus standen unsere Müllcontainer, und warf die Scherben dort rein. Ich fragte die Frau noch, was sie hier im Haus machen würde. Sie sagte, ihre Freundin, die hier wohnt, möchte demnächst ausziehen und sucht einen Nachmieter.

„Und gefällt Ihnen die Wohnung? Ziehen Sie dort ein?", fragte ich. Ich muss erwähnen, dass das ein 30-Parteien-Haus ist. In diesem Haus ist sehr viel Bewegung, was den Mieterwechsel betrifft. Die Mieten sind nämlich einfach zu teuer und mache Menschen übernehmen sich, mieten die Wohnungen an und können irgendwann die Miete nicht mehr bezahlen. Daher rührte der ständige Mieterwechsel.

Praktisch war die Wohnanlage schon, denn in der Nähe war ein Edeka-Markt, ein gut bürgerliches Speiselokal und nur 500 Meter weiter man schon im Feld, um joggen zu gehen.

In dem Haus der Anlage, in dem ich wohnte, gab es einen Swimmingpool. Überwiegend wohnten dort junge Menschen. Und so wurden im Sommer, wenn der Hausmeister den Swimmingpool für die Saison hergerichtet hatte, viele Partys gefeiert.

Der Hausmeister wurde mit der Zeit ein guter Freund von mir. Im Organisieren von Partys war ich ganz vorne dabei. Der Hausmeister wurde eines Tages geschieden – und suchte immer mehr meine Nähe, da ich sehr guten und schnellen Kontakt zu Singlefrauen hatte.

Wir unternahmen viel zusammen, Ich machte seine Einkommensteuer usw. und hatte somit alle Freiheiten im Haus. Er unterstützte mich, wo er nur konnte. Er war beruflich Malermeister, arbeitete dann aber als Berufsschullehrer.

Im Sommer trafen wir uns immer mittags schon am Pool. Als Schullehrer hatte er auch schon nachmittags um 13:30 Uhr Feierabend. Alleinstehende Damen im Haus waren natürlich auch anwesend.

Natalie, Gudrun, und andere Damen und Herren verweilten gemeinsam im Garten am Swimmingpool. Es wurden schon am Mittag große Mengen von Alkohol zusammen getrunken.

So blieb es natürlich nicht aus, dass man sich näherkam. Natalie und auch Gudrun hatten mich stets im Auge. Keine der beiden wusste, dass ich jeweils mit der anderen schlief.

Eines Tages zog eine rassige Krankenschwester H. in ein kleines Apartment hier ins Haus. Sie war rassig, vollbusig und nicht abgeneigt, hier mitzufeiern. Aber sie war schwer zu knacken, dass sie mit einem schlief.

So schnell ging das bei ihr nicht. Das Einzige, was mich an ihr wirklich störte, war, sie war eine starke Raucherin und drehte sich ihre Zigaretten selbst. So vergingen die Wochen und Monate.

Einmal schlief ich mit Natalie, dann wieder mal mit Gudrun. War für mich eine tolle Sache! Das blieb natürlich inzwischen meinem Freund, dem Hausmeister, nicht verborgen. Zu gerne hätte er das auch getan, aber er hatte Erektionsschwierigkeiten.

Deswegen ging auch seine Ehe auseinander. Er musste für seine beiden Kinder, es waren Mädel, Alimente zahlen. Aus diesem Grunde hat er auch den Job als Hausmeister hier im Haus übernommen und brauchte keine Miete bezahlen.

Er renovierte immer die Wohnungen hier im Haus, wenn ein Mieterwechsel stattgefunden hat, und verdiente sich immer etwas dazu. So kam er gut über die Runden.

Auch meine Ehe wurde geschieden. Meine Frau zog mit meiner Tochter ins Rheinland. Eines Tages erfuhr ich, dass sie Schilddrüsenkrebs bekommen hatte. Sie hat zunächst über 30 Goldspritzen dafür bekommen.

Da war ein Arzt, der meinte, damit könnte er den Krebs besiegen, doch das Gegenteil war der Fall. Letztendlich kam sie ins Krankenhaus und wurde an der Schilddrüse operiert.

Anschließend bekam sie eine Chemotherapie und Bestrahlungen. Meine Tochter war während der Krankheitsphase bei ihren Großeltern. Zu diesem Zeitpunkt hatte ich meine Tochter sehr wenig zu Gesicht bekommen.

Okay, ich gebe zu, das lag auch an mir. Um ganz ehrlich zu sein, waren mir das Feiern, die Partys und Frauen wichtiger als alles andere.

Ja, ich gebe zu, ich sollte mich dafür schämen. Ich lebte wie immer auf der Überholspur. Nahm jede Gelegenheit war, Frauen kennenzulernen und mit ihnen zu schlafen. Alles andere interessierte mich herzlich wenig.

Einige Tage zuvor war in Tschernobyl der Reaktor in die Luft geflogen. Zunächst haben die Russen versucht, das alles herunterzuspielen. Die waren so brutal und verdorben, die gingen über Leichen.

Aber die westliche Presse, so wie der ganzen Welt, blieb das nicht verborgen. Die westlichen Bürger hatten natürlich Angst vor radioaktiver Strahlung. Alle, nicht nur wir Deutsche, hatten davor Angst.

Eines Tages ist eine radioaktive Wolke genau über dem Westen von Berlin niedergeregnet. Es wusste ja keiner, welche Auswirkungen das auf die Menschen hatte.

Es wurde zu einer Bürgerversammlung im Raum Berlin eingeladen.

Man beruhigte die Bürger und spielte das gesamte Geschehen herunter. Hin und wieder las man in der Zeitung, dass alles um Tschernobyl verseucht war und die Anwohner, die in einem Radius von 50 Kilometer wohnten, mussten ihre Häuser verlassen.

Gott sei Dank, sagten wir uns alle im Westen, wohnen wir weit weg. Unser Leben ging in Saus und Braus und vollen Zügen weiter. Obwohl ich keine eigene Familie mehr hatte, lebte ich in vollen Zügen mein Leben weiter.

Wöchentliche Partys waren mein Lebensinhalt. Auch in unserer Firma wurde immer gefeiert und gesoffen. Wir waren 30 Mitarbeiterinnen und Mitarbeiter. Mein Chef war ein sehr intelligenter Mann hatte alles drauf, um seine Firma in kürzester Zeit zu festigen.

Meine Chefin war ebenfalls im Büro. Immer wenn ich mal frühmorgens ins Geschäft kam, wurde ich zum Chef gerufen und dort standen in seinem Zimmer schon Cognac, Wein und Bier.

Dann wurde am frühen Morgen schon gesoffen. Die Firma war mittlerweile ein Selbstläufer. Ich hatte das wahnsinnige Glück und bekam einen weiteren Auftrag von der Bad Homburger Fertighausfirma über weitere 26 Einfamilienhäuser im Rheingau.

Die Arbeiten an den 40 anderen Häuser waren noch lange nicht beendet. So besorgte ich meinem Chef einen Fliesenleger, weitere Heizungsmonteure und Installateure. Ich hatte eine Sonderstellung bei uns in der Firma, weil ich so erfolgreich war.

Ich konnte mir alles erlauben und hatte Freiheiten, die kein anderer bei uns hatte. Man bot mir eines Tages sogar das Du an. Da ich auch kein Kind von Traurigkeit war und immer mitfeierte, war ich meinem Chef sehr sympathisch.

Mit den Jahren stellte sich heraus, dass er Alkoholiker wurde. Das war ihm aber egal, er kam einfach vom Alkohol nicht mehr los. Ich muss allerdings sagen, dass er seine Firma nie vernachlässigt hatte.

Wir drei Außendienstverkäufer holten Aufträge herein, die mit einem Mal mit unseren Monteuren nicht mehr zu bewältigen waren. Er hatte eine große Heizungsfirma, die 200 Monteure beschäftigte, angeschrieben und um ein Gespräch gebeten.

Seltsamerweise nahm er mich und seine Frau zu diesem Gespräch mit. Er machte der Firma ein Angebot, für 12 Monate zehn Monteure leihweise zu übernehmen. Man einigte sich, bekamen aber die Auflage, einen Meister mit zu übernehmen.

Der müsste das alles überwachen, damit alles im grünen Bereich bleiben würde. Denn die große Firma hätte einen guten Ruf zu verlieren, wenn hier etwas schiefgehen würde.

Also einigte man sich und sie übernahmen die zehn Leiharbeiter plus Meister für 12 Monate. Wir hatten so unendlich viel Arbeit, dass wir noch zehn zusätzliche Arbeiter hätten einstellen müssen.

Dann kam mein Chef auf die Idee, die Monteure pauschal zu bezahlen. Das bedeutete, sie bekamen für eine komplette Heizungsanlage einen Akkordpreis (Pauschalpreis) – egal wie lange sie für eine Anlage brauchten.

Waren sie in drei Tagen fertig, bekamen sie genau so viel, als würden sie drei Wochen dafür brauchen. Sehr clever geplant von ihm, denn es stellte sich heraus, dass die Monteure anfänglich auf Zeit arbeiteten.

Das wurde unserem Chef zu teuer, denn da verdiente er nicht so viel, wie wenn er die Monteure pauschal abrechnete. Durch dieses System verdienten die Monteure auf einmal das Doppelte, was guten Anklang fand.

Ich konnte meine Arbeit so einteilen, dass ich, wenn es hochkam, nur drei bis vier Stunden zu arbeiten brauchte. Alles andere machte ich von zu Hause aus am Telefon. Was natürlich von der Firma keiner wusste.

Ich wurde einfach nicht kontrolliert, weil ich so erfolgreich war. Dadurch hatte ich mehr Zeit für das weibliche Geschlecht.

Ich hatte gleichzeitig mit drei bis vier Frauen Sex. Ich hörte davon, dass ein Krankenhaus seine 225 Duschen erneuern musste. Ich rief spontan dort an und bat um einen Termin. 14 Tage später lud man mich zu einem Termin dort ein.

Ich habe mir die Örtlichkeiten der Duschen mit WC angeschaut und Notizen gemacht. Mit diesen Notizen oder besser gesagt der Anfrage, ein Angebot zu unterbreiten, fuhr ich in unsere Firma.

Es handelte sich um ein Auftragsvolumen von 150.000 DM. Ein gewaltiges Projekt. Die Dame vom Krankenhaus, mit der ich verhandelt hatte, die auch für die Vergabe zuständig war, war Mitte 40 und zeigte irgendwie Interesse an mir.

Sie meinte, als ich wieder mal ins Krankenhaus musste, um weitere Einzelheiten zu besprechen: „Guten Morgen, der Herr, oh welch ein herrlicher Duft kommt mir denn entgegen?"

Ich war immer zu Späßen aufgelegt und sagte: „Tja, das ist mein 4711 kölnisch Wasser", und lächelte ihr zu. Sie lächelte zurück und meinte nur: „Ich glaube, Sie haben es faustdick hinter den Ohren."

„Wie kommen sie denn zu dieser These?", fragte ich. „Na ja", meinte sie, „man hört so einiges von Ihnen." „Schlimme Dinge?", fragte ich. „Nein, nein, keine Sorge, aber man, sagt, sie wären ein guter Tänzer."

Im Krankenhaus arbeitete die Krankenschwester H., die bei mir im selben Haus wohnte. „Aha", sagte ich, „so klein ist die Welt, dass es sich schon herumspricht, wie gut ich tanzen würde."

Sie sagte mir aber nicht, wer ihr das gesagt hat. Dann fragte sie mich nach dem Angebot. Es wäre eilig, denn sie müsste den

Auftrag vergeben. „Geben Sie mir noch eine Woche Zeit und es liegt Ihnen vor!"

Diese Zeit gab sie mir locker, denn ich hatte das Gefühl, sie möchte weiter in dieser Angelegenheit mit mir zusammenarbeiten.

„Ich verspreche Ihnen, wenn ich den Auftrag bekomme, machen wir beide, sofern Sie Lust dazu haben, ein Fass auf!" „Ein Fass auf? Wie meinen Sie das?", fragte sie. „Na ja nicht direkt ein Fass auf, ich dachte eher ein gepflegtes Diner in einem schönen Hotel."

„Guter Herr, was glauben Sie, wer ich bin? Ich habe eine Familie, einen lieben Mann und zwei Kinder. Was glauben Sie, was mein Mann sagen würde, wenn ich mit ihnen alleine in einem Hotel feiern würde? Mein Man ist sehr eifersüchtig und würde so etwas nicht tolerieren, es sei denn, er dürfte mitkommen." „Oh Mann", sagte ich, „so habe ich es doch nicht gemeint. Ich wollte den Auftrag mit Ihnen einfach feiern. Nicht mehr und nicht weniger. Das kann doch Ihren Mann nicht stören, oder hat er kein Vertrauen zu Ihnen?" „Vertrauen ist gut. Kontrolle ist besser, sagt er immer und lächelt dabei. „ „Na gut", sagte ich, „wenn es so weit ist, komme ich nochmal auf mein Angebot zurück."

Zehn Tage später war es dann so weit und ich rief sie an, um das Angebot mit ihr zu besprechen. Am nächsten Tag bekam ich für 10:00 Uhr einen Termin von ihr. Ich war wie immer pünktlich und um 10:00 Uhr stand ich bei ihr vorm Büro.

Sie war seltsamerweise sehr aufreizend gekleidet. Top geschminkt, sehr gepflegt kam sie so bei mir an. Ich kannte natürlich solche Begebenheiten, was das bedeuten könnte. Nahm aber noch respektvollen Abstand, etwas zu ihrem Outfit zu sagen.

Ich war wie immer top gekleidet, hatte teures Parfüm angesprüht, war braun gebrannt. Es machte schon was her, wenn ich so einen Termin hatte, denn der heimliche Hintergrund, den ich hegte, ließ sich nicht verbergen.

Mit Absicht hatte ich mich also so hergerichtet. Ich wusste doch schon immer, auf was die Frauen guckten. Okay, wir gingen ins Besprechungszimmer, sie bot mir einen Stuhl neben sich an, weil wir ja gemeinsam die einzelnen Punkte vom Angebot besprechen mussten.

Es wurde Mittag, so gegen 12:30 Uhr. „Haben Sie Hunger?", fragte sie mich. „Oh ja"; sagte ich, „und wie. Wollen wir in die Kantine gehen oder in ein Restaurant hier im Ort?"

„Nein, Kantine möchte ich jetzt nicht, da viele Patienten dort sind, und es wäre zu laut dort." Sie sagte: „Wir fahren mit dem Lift in die Tiefgarage, dort steht mein Auto." Ich war sehr erstaunt, als wir dort ankamen und das Auto sah, das ihr gehörte.

Es war ein dunkelroter Mercedes 500 SL. Mir blieb die Spucke weg, denn das hatte ich nicht erwartet. Wir stiegen ein und sie fuhr zehn Kilometer weiter zu einem Bergrestaurant. Es lag an einem Hügel, sehr gepflegtes Ambiente.

Ich ließ die Speisekarte kommen und fragte sie, was sie gerne trinken möchte. Sie nahm einen trockenen Rotwein und eine kleine Flasche Wasser. Ich nahm das Gleiche. Nachdem ich in die Speisekarte schaute, blieb mir fast die Luft weg.

Preise, die ich so nicht kannte. „Teurer geht's nicht mehr", dachte ich für mich. Aber es war mir im Grunde egal, „nur keine Schwäche jetzt zeigen!", dachte ich. Wir suchten uns ein Rinderfilet mit Kroketten und Salat aus.

Als Nachtisch ein gemischtes Eis. Kosten von der ganzen Runde: 110,00 DM. Man merkte sofort, diese Dame ist keine Nullachtfünfzehn-Person. Sie weiß, was sie will.

Nach etwa zwei Stunden verließen wir das Lokal, ich übernahm großzügigerweise die Rechnung.

Ihr imponierte das schon, glaube ich. Ich muss gestehen, die Kosten hierfür bekomme ich ohnehin von der Firma zurück. Wir fuhren zurück in die Tiefgarage und mit dem Lift in den achten Stock, in das Besprechungszimmern.

Dort arbeiteten wir noch bis 18:00 Uhr an dem Angebot. Letztendlich sagte sie zu mir: „Sie haben den Auftrag, denn Sie sind mit Abstand günstiger gegenüber Ihrem Wettbewerb."

Innerlich hätte ich Luftsprünge machen können, denn ich war ja prozentual am Umsatz mit zehn Prozent beteiligt.

„Ich könnte Sie umarmen!", sagte ich zu ihr. „Und was hindert Sie daran?", fragte sie mich. Ich glaube, dass ich einen roten Kopf bekommen habe. Denn so eine Dame aus der gehobenen Gesellschaft hatte ich noch nicht.

Ich wusste auch nicht, wie die so drauf sind. Erst viel später zeigte sich, dass diese Gesellschaft weitaus versauter war als unsereiner. Ich fackelte nicht lange, nahm sie in den Arm, drückte sie zärtlich und bedankte mich für das Vertrauen, das sie mir entgegenbrachte, Sie ließ sich das etwas längere Drücken gefallen und erwiderte das mit einem ebenso intensiven Drücken. Vor allem merkte ich, dass sie mich mit beiden Händen an meiner Schulter packte und sich mit einem festeren Griff an sich heranzog.

Wir ließen voneinander ab und sie schaute mir tief in die Augen. Ich war so verblüfft, dass ist das nicht erwidern konnte und zur Seite schaute. Sie war mir, so glaubte ich, in allem überlegen.

Ich hatte mit solchen Menschen der höheren Gesellschaft kaum Kontakt. Unsere Kunden waren im Großen und Ganzen der Nachbar von nebenan. Denen war ich durch mein Auftreten und fachliches Wissen überlegen. Aber das hier war eine andere Liga.

Am nächsten Morgen kam ich bei uns ins Büro und zeigte mein Erfolgserlebnis. Spontan sagte mein Chef zu mir, das wird jetzt gefeiert. Er sagte zu seiner Frau: „Ziehe dir etwas anders an, wir fahren in den Rheingau feiern!"

Unser Ölfeuerungsmonteur war auch sehr gut mit meinem Chef und meiner Chefin privat befreundet, so wie ich auch. Er war gerade im Büro, hatte noch seine Arbeitskleidung, da sagte mein Chef: „Shließe dein Auto ab, wir müssen in den Rheingau, da brauchen wir dich!"

Er wusste gar nicht was er sagen sollte, meinte nur, der eine Kunde würde auf ihn warten, weil seine Heizung ausgefallen wäre. Mein Chef sagte: „Ruf ihn an und verschiebe den Auftrag auf den nächsten Morgen!"

Da machte er dann auch und wir fuhren im 500er-Mercedes in den Rheingau. Wie immer bei solchen Touren, musste meine Chefin fahren. Wir fuhren los und gingen zunächst in eine Straußwirtschaft.

Alle anderen Lokale hatten am frühen Morgen, es war ca. 10:00 Uhr vormittags noch nicht geöffnet. Viele Weinbauern hatten fast alle einen Weinausschank dabei. Mein Chef bestellte eine Flasche Wein und gleich im Anschluss vier Obstler.

„Super Mischung", dachte ich, „das geht ja gut los, wo soll das heute noch enden?" Wir tranken den Obstler und direkt bestellte mein Chef eine zweite Runde davon. Das fragte er die Wirtin, ob man eine Wurstplatte für uns alle haben könnte.

Sie bejahte das und wir waren mitten im Besäufnis. Es wurde eine dritte Rund Obstler bestellt und auch getrunken. Von der Flasche Wein hatte jeder von uns noch ein Glas voll vor sich stehen.

Um 12:00 Uhr war unser deftiger Frühschoppen zu Ende und wir wechselten das Lokal. Wir fuhren zwei Kilometer weiter in ein schönes Weinlokal. Hunger hatten wir noch nicht, sondern mein Chef bestellte wieder eine Flasche Wein und vier Obstler.

So langsam fing der viele Alkohol bei mir an zu wirken. Meinem Chef, der ja mittlerweile Alkoholiker war, merkte man nichts an. Bei unserer Chefin merkte man es schon. Gegen 13:30 Uhr bestellten wir nun das Mittagessen.

Es wurde richtig geschlemmt. Geld spielte hier keine Rolle. Nach dem Essen fuhren wir wieder in ein anderes Lokal. Im Rheingau war ja auch werktags immer durch die vielen Besucher was los.

In vielen Lokalen spielten nachmittags so gegen 15:00 Uhr teilweise ein Alleinunterhalter, aber auch drei bis viel Musiker (Band) und trugen zur Unterhaltung bei. Wir wurden immer lustiger, meine Chefin, sie konnte gar nicht tanzen, wollte immer, wenn sie betrunken war, mit mir tanzen.

Für mich was das eine Quälerei, wenn ich mit jemandem tanzen musste, der das nicht konnte. Aber was sollte ich machen? Nichts, richtig. Ich tanze von einem Bein auf das andere einfach mit ihr.

Es wurde an diesem Tag viel an Alkohol konsumiert. Gegen 21:00 Uhr kamen wir wieder in der Firma an. Total betrunken schleppte uns unser Chef in seine Kellerbar und dort tranken wir weiter.

Ich war bereits am Ende und konnte einfach nicht mehr, aber das war ich ja so gewöhnt, wenn wir so eine Sauftour machten. Es war ja nicht die erste. Gegen 22:00 Uhr fragte ich meine Chefin: „Sag mal, wo ist denn dein Mann?"

Der hatte sich immer, wenn er genug hatte, englisch verabschiedet und ging in sein Bett. Und wir konnten sehen, wie wir nach Hause kamen. Früher ging das noch, da wurden noch nicht so viel Kontrollen gemacht.

Wir fuhren total betrunken heim, alles ging gut. Am anderen Morgen war ich bereits um 09:00 Uhr im Büro. Mein Chef und meine Chefin waren auch schon da. Dann wurde der Großauftrag, den ich reinholte, besprochen.

Es mussten erst einmal Firmen angeschrieben werden und es wurde angefragt, inwieweit die in der Lage waren, 125 Duschen und WC in der Lage kurzfristig zu liefern. Seltsamerweise waren die deutschen Firmen nicht in der Lage, uns solch eine Menge auszuliefern. Mein Chef aber hatte in Belgien eine Firma, mit der er guten Kontakt hatte. Die waren in der Lage, uns zu beliefern.

Die Qualität war aber nicht so wie die deutsche. Aber das wussten nur wir, der Endverbraucher konnte den Unterschied äußerlich nicht feststellen. Also haben wir den Auftrag an die belgische Firma vergeben.

Ich habe zehn Prozent von dem Großauftrag verdient. Meine Provision wurde in vier Abschlägen ausgezahlt. Immer wenn wir einen Teil auslieferten und der Endkunde bezahlt hat, bekam ich meine Provision und dazu mein Grundgehalt.

Zurück zu dem Hochhaus, wo ich wohnte. Geld spielte für mich schon eine große Rolle, ich gab es aber, wenn es ankam, mit vollen Händen aus. Die Krankenschwester H. war immer bei den Partys dabei.

Ich hatte es auf sie abgesehen. Konnte aber bei ihr nicht landen. Sie sagte mal zu mir: „Du bist mein Freund und ich möchte unsere Freundschaft nicht kaputtmachen, indem ich mit dir schlafe."

Mittlerweile hatte sie einen Polizeibeamten als festen Freund. Er war nach ganz kurzer Zeit bei ihr eingezogen. Sie waren sechs Monate zusammen. Ich kam eines Abends, es war gegen Mitternacht, nach Hause.

Sie passte mich auf dem Flur ab, total verheulte Augen, nahm mich in den Arm und meinte: „Komm bitte mal zu mir rein." Ich ging mit ihr in ihre Wohnung, wir setzen uns auf ihr Sofa, sie kuschelte sich an mich und weinte fürchterlich.

„Was ist denn los?", fragte ich sie. „W., der Polizeibeamte, hat mich heute Mittag verlassen, als ich zur Arbeit war." „Aber warum das denn?", fragte ich. „Ich habe keine Ahnung, er ist weg." Sie war am Boden zerstört und hielt mich ganz fest.

Ich sagte zu ihr: „Du, es tut mir aufrichtig leid, aber ich muss morgen früh raus zur Arbeit." Sie bettelte und sagte: „Ich kann jetzt nicht alleine bleiben, du bist mein bester Freund, bleibe bitte heute Nacht bei mir!"

Gutmütig wie ich Frauen gegenüber war, blieb ich bei ihr. Ich zog meine Klamotten aus und wir legten uns auf ihr ausziehbares Sofa. Sie zog sich ebenfalls bis auf ihren Slip aus und kuschelte sich ganz fest an mich.

Irgendwann hielt ich diese Situation nicht mehr aus und fing an, sie zu streicheln. Sie wehrte sich nicht und ließ es geschehen. Vielleicht hatte sie Angst, wenn sie sich dagegen wehrte, dass ich gehen würde.

Es dauerte keine 15 Minuten und ich schlief mit ihr. Sie hat die ganze Zeit, während ich mit ihr schlief, nur geweint. Als ich fertig war, schliefen wir gemeinsam ein. Sie hatte nichts von dem Beischlaf, weil ihre Gedanken bei ihrem Freund waren.

Ich hätte mich selbst danach ohrfeigen können, denn das war absolut eine Ausnutzung der Situation. Aber so war ich früher mal: Ich nahm keine Rücksicht auf Gefühle, nur der Sex war für mich wichtig.

Stolz bin ich mich Sicherheit darauf nicht, was ich da gemacht habe. Sie hatte einen schweren Verlust von ihrem Freund zu verkraften und ich nutzte die Gelegenheit, um meine Lust zu befriedigen.

Was war ich nur für ein Mensch? Ich kann es heute nicht fassen, wenn ich darüber nachdenke, wie ich die Frauen sexuell ausnutzte. Eines möchte ich aber festhalten: Ich hatte großen Respekt vor den Frauen, habe sie niemals misshandelt.

Die Frauen waren für mich etwas Besonderes, ja ich würde sogar so weit gehen und und sagen: Sie waren etwas Heiliges für mich. Und trotzdem nutzte ich die Damen, was den Sex betraf, total aus.

Ich habe viele Herzen gebrochen, weil sich viele in mich verliebt hatten, nur ich konnte keine tiefe Liebe oder Zuneigung geben. Erklären kann ich das fatale Verhalten nicht. Ich führe das auf mein Erlebnis, die Vergewaltigung, die ich mit elf Jahren erlebt hatte, zurück.

Das hat mich jahrelang geprägt. Heute bin ich davon geheilt und kann mich nicht verstehen, warum ich das alles zugelassen und gemacht habe. Es soll mit Sicherheit keine Ausrede sein, aber in mir, tief in meiner Seele sah das so aus.

Die ganze Nähe war mir fern

Ich habe den Stein ins Rollen gebracht und ein Familientreffen vereinbart. Meinetwegen fand das statt. Ich hatte plötzlich den Mut und wollte es meiner Familie mitteilen, was mir mit elf Jahren passiert ist. Meine Mutter lebte ja nicht mehr, aber meine Geschwister.

Jeder in meiner Familie fragte sich: „Was möchte er denn von uns, ist etwas geschehen, was will er uns mit dem Treffen mitteilen?" Doch keiner hatte eine Antwort darauf. Da sitze ich also in einem Sessel, alle schauten mich an, bis mein Erzeuger mich fragte: „Junge, was ist denn passiert, was ist los?" Ich sitze da, reiße meine Augen auf, ich achtete nicht auf die anderen, schaute ins Leere. Ich war schweißgebadet, hatte plötzlich nicht mehr den Mut, darüber zu reden.

Ich sagte: „Momentan kann ich noch nicht darüber reden, gebt mir noch eine Weile Zeit." Ich war damit beschäftigt, die Stimmen um mich herum zu hören, solange es nicht plötzlich laut wird, gar schrill, blieb ich entspannt. Es konnte Deutsch, Englisch, Hebräisch oder sogar Chinesisch sei, ganz egal, ich blieb innerlich so aufgewühlt und angespannt, aber nach außen hin ließ ich mir nichts anmerken.

Nur Angst sollte es mir nicht machen. Ich konnte all ihre Augen sehen, wie sie mich anschauten. Würde ich jetzt mit der Wahrheit rauskommen, ich glaube, alle würden explodieren, nur ich nicht.

In mir würde etwas geweckt werden, das mich niemals verlassen wird, eine Sehnsucht, eine Behaglichkeit, eine Zufriedenheit, dieses Gewirr von Sehnsüchten, könnte in mir eine Veränderung auslösen.

Wollte ich das überhaupt, fragte ich mich. Auch stellte ich mir die Frage, warum ich hier war. Im Tiefsten meiner Seele war das ein Hilferuf. Ein Hilferuf, der mich durch die Hölle gehen lässt.

„Aber wie komme ich wieder auf den geraden Weg?", fragte ich mich immer und immer wieder. Helfen konnte mir keiner, da muss ich alleine durch. Ich spürte sie, von einem zum anderen, wie sie um mich herumsaßen.

Mich nicht mehr so richtig beachteten. Man genoss auf einmal die Zusammenkunft, mein Erzeuger hatte den Kaffeetisch gedeckt und seine Lebensgefährtin einen Kuchen gebacken, weil sie ja dachte, es wäre etwas Schlimmes mit mir geschehen, was ich mitteilen wollte.

Ich blieb ganz entspannt, ich konnte ihre Augen sehen, obwohl ich sie doch nicht sehen kann, ich wusste nicht, warum sie nicht richtig miteinander lachten, sprachen. Ich glaube, es würde alles explodieren, wenn nur einer explodiert wäre.

Trotzdem wurde in mir etwas geweckt, was mich nie verlassen würde: eine Sehnsucht, eine Behaglichkeit, eine Zufriedenheit, dieses Gewirr von Stimmen, dieses Brummen, die mittleren Töne, die hellen, wie eine Sinfonie.

Ich werde von ihnen plötzlich kaum mehr wahrgenommen. Ich spürte sie, von einem zum anderen, wie sie um mich sitzen, mich aber nicht mehr so richtig beachteten. Ich spürte mit einem Mal so eine Trockenheit im Hals.

Ich räusperte mich und nehme meine Familie nur noch wie im Nebel wahr. Das machte mich auf einmal ängstlich, aber ich nahm mir die Zeit, um nachzudenken.

Ich verabschiedete mich höflich aus der Runde meiner Familie und sagte: „Sorry, es tut mir leid, aber heute kann ich über das, was ich mit euch besprechen wollte, einfach nicht reden. Vielleicht ein andermal."

Mein Erzeuger meinte nur: „Ein andermal wird es in dieser Richtung wahrscheinlich nicht geben. Man kommt sich ja richtig verarscht vor!" Ich starrte in Richtung Tür, ohne mich zu verabschieden, ging ich raus.

Es vergingen drei Tage, da meldete sich die Lebensgefährtin von meinem Erzeuger und fragte mich ganz ängstlich, ob etwas Schlimmes mit mir passiert sei. Ich bejahte das, sagte aber im selben Atemzug, dass ich noch nicht darüber reden könnte.

Hätte ich das tatsächlich getan, wäre meine Tante ins Gefängnis gekommen und das wollte ich ihr beim besten Willen ersparen. Da fragte mich mein Erzeuger, ob es eventuell mit meiner Tante zusammenhängen konnte.

Ich fragte: „Wie kommst du denn darauf?" Er meinte nur das ein anderer Neffe von meiner Tante auch früher immer bei ihr war und Dinge vorgefallen waren, die einem kleinen Jungen von fünf Jahren nicht hätten passieren dürfen.

Er offenbarte sich früher seiner Mutter und von diesem Zeitpunkt an durfte er nie wieder zu meiner Tante fahren. Mit den Jahren ist das alles im Sand verlaufen. Ich sagte zu meinem Erzeuger: „Nein, das hat mit meiner Tante nichts zu tun!" Nur um sie zu schützen.

„Na, dann bin ich ja froh, es fällt mir ein Stein vom Herzen!", sagte er. Mit einem Mal fing er wieder an zu bohren und sagte: „Dann sage mir doch mal, was dich bedrückt, denn ich mache mir große Sorgen um dich."

Um das Ganze zu entspannen, sagte ich: „Es hat beruflich etwas damit zu tun. Erleichtert sagte er, wenn ich so weit bin, können ich immer zu ihnen kommen, um darüber mit ihnen zu reden.

Ich legte auf, denn es klingelte an meiner Tür. Ich schaute durch den Spion an der Tür und sah Natalie in einem rosa Kleid. Ich öffnete die Tür und schon knöpfte sie ihr Kleid auf und machte auch keinen Versuch, mir die Situation zu erklären.

Mir war klar, war sie wollte. Wir gingen, ohne zu reden, zu mir ins Schlafzimmer. Sie legte sich sofort ins Bett und zog mich zu ihr runter. Ich hatte nur ein Shirt und eine Jogginghose an.

Es dauerte keine zwei Minuten und sie legte sich auf mich und wir schliefen miteinander. Ihr konnte es gar nicht schnell genug gehen. Es dauerte auch nicht lange, bis sie einen Höhepunkt hatte. Das Ganze hat gerade mal 20 Minuten gedauert.

Sie wusste genau, wann meine Frau nach Hause kam. Zufrieden legte sie sich zur Seite und steckte sich eine Zigarette an. Ich sagte: „Mach bitte die Zigarette aus, denn meinem Schlafzimmer darf nicht geraucht werden."

Wir gingen raus ins Wohnzimmer, ich schenkte ihr eine Tasse Kaffee ein, rauchte auch eine Zigarette und wir redeten miteinander über alles andere als über das, was gerade passiert ist.

Sie hatte es besonders genossen und strahlte eine Zufriedenheit aus, die ich so bei ihr noch nicht kannte. Sie sagte am nächsten Tag, sie hätte die ganze Nacht kaum schlafen können, weil sie ständig an mich denken musste.

Sie sagte plötzlich zu mir: „Heirate mich!" „Bist du denn von allen Sinnen?", fragte ich sie. „Wie soll das gehen? Ich habe eine Tochter, die ihren Vater braucht. Ich muss mich darum kümmern und außerdem bin ich noch nicht so weit."

„Ich werde mich um sie kümmern!", meinte sie. Fing an zu lachen und sagte: „Ich habe so ein Brausen und Schweben in meinem Kopf." „Geht es dir nicht gut?", fragte ich. „Doch, doch", sagte sie, „mach dir keine Sorgen, ich komme schon klar."

Ihre Mutter sagte zu ihr, wenn sie heiraten würde, bekäme sie wie die anderen Geschwister Goldbarren im Wert von 10.000 DM. Mit einem Mal kam sie mit der Wahrheit raus und sagte zu mir, sie sei schwanger.

„Aha", dachte ich, „daher weht der Wind!" Ich fragte sie, wer denn der Vater wäre. Sie lächelte mich nur an und meinte: „Kannst du dir denn nicht denken?" „Komm mir nicht mit so einer Nummer", sagte ich, „ein Kind kann ich mir beim besten Willen nicht erlauben. Im wievielten Monat bist du denn?", fragte ich „Im zweiten", meinte sie und lächelte wieder. „Dann lass es wegmachen!", sagte ich. Enttäuscht ging sie ins Bad zu Toilette. Als sie rauskam, sagte sie: „Ciao, ich muss jetzt gehen."

Das alles war ein paar Nummern zu groß für mich und ich war mir auch nicht sicher, ob ich dafür infrage komme. Ich rief sie also an und sagte ihr klar und deutlich, dass ich nicht dafür infrage komme und ich keine Vaterschaft anstreben würde.

Das nahm sie mir sehr übel. „Mach, was du willst, ich werde das Kind bekommen, egal was passiert!" Anscheinend merkte sie, dass es mir sehr ernst war mit meiner Äußerung.

Es vergingen zwei Wochen und ich hörte nichts mehr von Natalie. Bis eines Morgens es war gegen 07:00 Uhr der Krankenwagen vor das Haus gefahren war, zwei Sanitäter stiegen aus, holten einen Transportwagen aus dem Auto und klingelten an Natalies Tür.

Ich beobachte alles durch den Spion an meiner Tür. Es machte eine fremde Frau auf, die ich nicht kannte. Diese ließ die Sanitäter in die Wohnung. Zehn Minuten später sah ich, wie sie Natalie auf der Trage zum Krankenwagen fuhren.

„Was ist passiert?", schoss es mir durch den Kopf. Ich war total aufgeregt und verwirrt. Hatte keine Ruhe mehr, klopfte an der Tür von Natalie. Die fremde Frau öffnete mir ich fragte: „Was ist mit Natalie?"

Sie guckte mich sehr ernst an und sagte: „Können Sie sich das denn nicht denken?" „Aber nein", sagte ich, „ich habe absolut keine Ahnung." Dann sagte sie: „Natalie hatte eine Fehlgeburt und muss im Krankenhaus ausgeschabt werden."

Mir riss es den Boden unter den Füßen weg. Wortlos ging ich in meine Wohnung und überlegte, wie ich ihr helfen könnte. Am nächsten Tag fuhr ich zu ihr ins Krankenhaus.

Ich hatte vorher noch einen großen Strauß Blumen gekauft und klopfte an ihre Tür und ging hinein. Als sie mich sah, strahlten ihre Augen und im selben Moment fing sie an, zu weinen. Ich setzte mich zu ihr auf Bett.

Nahm sie in dem Arm, drückte sie ganz zärtlich und sagte: „Alles wird wieder gut." Nun wollte ich wissen, wie es dazu gekommen war. Sie wusste es auch nicht, sie sagte, dass nachts Blutungen einsetzten und nicht mehr aufhörten.

Dann hätte sie den Notruf gewählt und sie wäre abgeholt worden. „Ich habe das Kind verloren", sagte sie. „Ich weiß es, eine fremde Frau in deiner Wohnung hat es mir erzählt." Auf meine Frage, wer das sei, sagte sie: „Meine Tante."

Ihre Tante wäre eine Woche bei ihr zu Besuch. „Ich bin froh, dass sie da war, ich hätte gar nicht gewusst, was ich hätte machen sollen", sagte Natalie zu mir. Im Grunde war ich froh, dass sie nicht mehr schwanger war.

Auf der anderen Seite machte ich mir auch Sorgen um sie. So eine Fehlgeburt ist ja nicht ohne. „Leider muss ich jetzt gehen", sagte ich, „denn ich habe heute volles Programm an Arbeit."

„Wann wirst du dann entlassen?", fragte ich. „Die Ärzte meinen, drei bis viel Tage muss ich hierbleiben." „Okay", sagte ich, „wenn du entlassen werden sollst, rufe mich bitte an, ich hole dich ab und bringe dich nach Hause."

Mein Chef war voller Tatendrang

Die Aufträge nahmen kein Ende und er plante, die Firma zu vergrößern. Nebenan kaufte er ein Grundstück von 10.000 Quadratmetern. Sie stellte einen Bauantrag für eine Lagerhalle von 1.000 Quadratmetern.

Sie wurde ohne große Probleme genehmigt und sechs Monate später fing eine Baufirma an, die Halle zu bauen. Somit war er in der Lage, bei seinen Lieferanten größere Mengen an Waren günstiger einzukaufen.

Nach einem guten halben Jahr war die Halle fertig und er kaufte in Belgien riesige Mengen an Sanitärartikel ein. Im Siegerland hatte er einen Heizungs- und Sanitärgroßhändler konsultiert.

Es kam ein Verkäufer der Firma zu uns. Er hat mit unserem Chef und unserer Chefin größere Mengen an Heizungskessel, Kunststofföltanks, Heizkörper und alles, was man für eine Heizungsanlage benötigte, dort bestellt.

Durch die große Menge an Materialien hatte er einen Einkauf wie ein Großhändler und konnte alle Sanitär- und Heizungsfirmen unterbieten. Uns als Verkäufer kam das zugute.

Außerdem gingen wir viel auf Handwerkermessen, um unsere Ware anzubieten. Das war nur möglich, weil er eine zweite Firma gegründet hat: einmal als Großhändler und zum anderen als Heizungs- und Installationsfirma.

Er konnte alle, wenn Ausschreibungen über Heizung oder Sanitärangebote angefordert wurden, unterbieten. Wir Verkäufer hatten dadurch ein leichtes Spiel, unsere Ware an den Mann zu bringen.

Ich bekam von der Firma einen 200er-Mercedes Diesel, mit Telefon und Funk. Meine Kollegen hatten nur einen VW-Käfer als Firmenfahrzeug. Dieses Auto durfte ich auch privat nutzen.

Beruflich war ich sehr erfolgreich. Auch ging es mir gesundheitlich hervorragend. Einziger Nachteil, so sehe ich das heutzutage, war die ständige Sauferei in der Firma. Mein Chef ließ keine Gelegenheit aus, mich hierzu einzuladen.

Als ich noch verheiratet war

Meine Frau und ich sowie unsere Tochter waren oft bei meinem Chef in der Firma am Feiern. Er hatte drei Kinder, die eine Tochter war so alt wie meine, aber sie hatte schweres Asthma.

Die Beschwerden wurden weniger, wenn sie am Meer war, da brauchte sie keine Medikamente und es ging ihr richtig gut. Daraufhin kaufte mein Chef in Südspanien ein großes Haus.

Wenn es seiner Tochter mal wieder richtig schlecht ging, flog meine Chefin mit ihr ans Meer, blieb dort zwei bis drei Wochen und kam wieder zurück. Als das Kind elf Jahre alt wurde, ist es an der Krankheit verstorben.

Das hat mein Chef noch tiefer in den Alkoholmissbrauch rutschen lassen. Ich war oft bei meinem Chef und meiner Chefin am Feiern. Meine Frau fand das gar nicht gut und eines Tages meinte sie: „Ich lasse mich scheiden!"

Versuche, sie zu halten, waren vergebens. Sie hatte sich das nun mal in den Kopf gesetzt und reichte die Scheidung ein. Nach einem halben Jahr wurde unsere Ehe geschieden. Meine Tochter blieb bei meiner Frau.

Für mich öffnete sich eine andere Welt. Ich war nur noch unterwegs zum Tanzen und Feiern. Lernte Frauen kennen, die ich auch mit zu meinem Chef und meiner Chefin nahm. Aber etwas Festes war nie dabei.

In mir kam der Junggeselle wieder raus. Meine Scheidung habe ich in der Firma regelrecht gefeiert. Ich lebte wieder auf der Überholspur. Nahm alles an Frauen mit, was sich anbot, und das waren nicht wenig.

Mit G., die mit ihrer Mutter und Schwester und ihrem Sohn über mir wohnte, fing von Neuem eine heiße Affäre an. Sie machte sich Hoffnung, dass es mit uns mehr werden könnte, da ich jetzt wieder Single sei.

Ich sagte eines Tages zu ihr: „Pass auf, ich habe eine Scheidung hinter mir und kann und möchte mich zunächst nicht fest binden." Sie tat so, als hätte sie dafür Verständnis aber hielt sehr daran fest, mich ständig zu besuchen, wenn ich zu Hause war.

Wann immer sie zu mir kam, schliefen wir zusammen. Ich muss gestehen, es war ein schöner Sex, den wir miteinander hatten. Und plötzlich interessierte sich auch ihre zurückhaltende Schwester für mich.

Immer wenn ich ihr begegnete, lächelte sie mir so zu, was ich früher von ihr nicht kannte. Es kam der Tag, an dem sie im Regen an der Bushaltestelle stand und auf den Bus wartete, mit dem sie heimfahren wollte.

Ich sah sie im letzten Moment, hielt an und rief ihr durch das geöffnete Fenster zu: „Komm steig ein, ich fahre auch heim!" Ich muss sagen, sie war sehr konservativ und eine zurückhaltende junge Frau.

Ich fragte sie, ob ich sie in einem Café zum Kaffee einladen dürfte, der Tag wäre noch relativ jung und man könnte sich ein bisschen unterhalten. Zu meinem Erstaunen willigte sie sofort ein und meinte: „Ich habe heute eh nichts mehr vor."

Innerlich freute ich mich, denn wenn Frauen wie sie so zurückhaltend waren, spornte mich das erst recht an, ihre Zuneigung zu gewinnen. Ich steuerte das nächstliegende Café an.

Wir gingen rein, ich bestellte für sie ein Kännchen Kaffee. Kuchen wollte sie nicht wegen ihrer Figur. Sie legte großen Wert darauf, ihr Gewicht zu halten. Wir haben uns nett unterhalten. Sie fragte mich, wie das mit ihrer Schwester und mir wäre.

Ich sagte, ich habe deiner Schwester ganz offen gesagt, dass für mich eine feste Beziehung zum derzeitigen Zeitpunkt nicht infrage kommt. Erst müsste ich mal meine Scheidung verarbeiten.

Sie hatte dafür volles Verständnis und meinte nur: „Warum hast du mich jetzt eingeladen?" Im ersten Moment wurde ich verlegen, aber Frauen hören ja gerne Komplimente.

Ich sagte zu ihr: „Sag mal, das fragst du noch, bei so einer hübschen jungen Frau, wie du es bist, konnte ich einfach nicht widerstehen. Außerdem hast du mir schon immer gefallen und da du mir sehr sympathisch bist, warum nicht?"

Sie errötete leicht und sagte: „Ich glaube, das sagst du jeder Frau." „Schätzt du mich wirklich so ein?", fragte ich. „Daran merke ich, dass du mich gar nicht kennst. Natürlich mag ich nette Damen, aber nicht auf Teufel komm raus. Ich respektiere die Frauen und würde sie niemals ausnutzen. Es beruht immer alles auf Gegenseitigkeit. Wenn die Chemie stimmt, was spricht denn dagegen, sich näherzukommen?"

„Ich gebe dir recht!", sagte sie. Sagte aber auch direkt, dass sie glaubt, dass ihre Schwester sich in mich verliebt hat. Ich sagte: „Ich habe nie mit deiner Schwester über die Zukunft gesprochen. Das beruht auf einer reinen Freundschaft. Von Liebe war niemals die Rede. Ich mag sie so, wie sie ist, aber ich glaube, mehr wird daraus nichts werden. Ich denke schon, oder besser gesagt ich hatte schon ab und an das Gefühl, dass sie mehr wollte. Liebe und Freundschaft beruht auf Gegenseitigkeit, wenn das aber einseitig ist, wird da nichts draus." Dann fragte ich sie: „Warum bist du eigentlich Single? Du könntest an jedem Finger einen haben, so wie du aussiehst."

Sie sagte, sie wurde, als sie 16 Jahre alt war, von einem Jungen der vier Jahre älter war, sexuell genötigt und das hat sie so geschockt, dass sie das Vertrauen zu den Männern verloren hatte. Sie habe Angst, wieder enttäuscht zu werden, deswegen geht sie, was Männer betrifft, sehr vorsichtig damit um. „Aber nicht alle Männer sind so", sagte ich. „Du müsstest das schon mal testen, um dir über die Männerwelt ein Urteil erlauben zu können."

Die Zeit verging wie im Flug. Wir haben so viel geredet, dass wir die Zeit dabei übersahen. Es hat ihr sichtlich Spaß gemacht, sich mit mir zu unterhalten, Was sie am meisten gefreut hat, war, dass ich so ein zurückhaltender Mann wäre.

„Wenn sie wüsste", dachte ich. Ich war nur auf das eine aus: Sex. Das aber habe ich ihr nicht zu verstehen gegeben, weil ich ja wusste, wie sie tickt. Ich konnte auch ein zuvorkommender Charmeur sein, wenn es drauf ankam.

„Mein Gott", sagte sie, „es ist schon 20:00 Uhr! Meine Mutter macht sich sicher schon Gedanken, wo ich bleibe!", meinte sie. „Dann wollen wir sie mal nicht warten lassen und fahren heim."

Zu Hause angekommen, verabschiedeten wir uns und beim Abschied fragte ich sie: „Wollen wir unser schönes Gespräch fortsetzen?" Sie schaute mir tief in die Augen und sagte: „Ja, das machen wir."

„Meldest du dich oder wie wollen wir es machen?" „Ich rufe dich an, wenn mir danach ist." „Okay!", sagte ich. „Schönen Abend noch, bis dann." Sie ging mit einem Lächeln davon. Nun hatte sie in mir den Aufreißer geweckt, der ich nun mal war, was das frauliche Geschlecht betraf.

Es war Wochenende, und es klingelte mein Telefon. Ich konnte es kaum glauben, aber die Schwester von G. war am anderen Ende der Leitung. „Oh", dachte ich, „sie hat mich nicht vergessen."

Das Gespräch im Cafe hat ihr sehr wahrscheinlich gut gefallen. Sie fragte mich, ob ich Lust hätte, mit ihr einen Waldspaziergang zu machen. „Aber natürlich habe ich Lust dazu!", sagte ich.

Wir verabredeten uns eine Stunde später. Sie kam und hatte sich sportlich angezogen. Sie hatte so eine halblange Wanderhose und Wanderschuhe an. Ich zog meine Jeans an, etwas kräftigere Schuhe und eine Windjacke und einen kleinen Rucksack, mit diversen Utensilien drin

Ich kannte mich gut in der Gegend aus. Wir gingen zunächst einem Feldweg entlang, wo die Wege immer schmaler wurden, bis man den Wald erreichte. Einige Zeit gingen wir nebeneinanderher.

Ich nahm auf einmal ihre Hand, und drückte sie etwas stärker. Sie hat das anscheinend genossen und ich hatte das Gefühl, sie war nicht abgeneigt, sondern hatte auch meine Hand fest im Griff.

Schweigend gingen wir in den Wald. Wir liefen über Moos und weichen Waldboden, über Wurzeln, die sie stolpern ließ. Aber durch meinen starken Halt fühlte sie sich sicher.

Die Pflanzen wurden immer grüner und das bedeutete, dass hier Sumpfboden war. Die hohlen spitzen Halme zeigen es an. Da gab es einen kleinen gelben sonnenbeschienenen Fleck inmitten der Bäume, wo man sich mitten auf den Boden setzen konnte.

„Machen wir eine kleine Rast und setzen uns dort hin?", fragte ich sie. „Ja super", sagte sie, „es ist richtig romantisch hier." Clever wie ich war, hatte ich an alles gedacht, als wir zu Hause losgingen. In meinem Rucksack hatte ich etwas zum Trinken dabei.

Auch etwas Obst. Ich öffnete meinen Rucksack und griff hinein und holte zwei Piccolo raus. Plastikbecher hatte ich natürlich auch dabei. „Möchtest du?", fragte ich. „Oh du alter Verführer", meinte sie, „denkst aber auch an alles."

Was nicht so angenehm war, da liefen Ameisen herum und krabbelte unsere Füße und Beinen hoch. Ich sah in der Ferne einen Hochsitz, der mir wie gelegen kam. Ich sagte: „Komm lass uns dahin gehen! Da sitzen wir im Trockenen und können gemütlich miteinander reden und unseren Sekt trinken." Wir gingen zu dem Hochsitz und stiegen hoch. „Mein Gott", sagte sie, „wenn jetzt der Jäger kommt, bekommen wir aber gewaltigen Ärger."

Ich sagte: „Um diese Zeit kommt kein Jäger hierher. Die gehen entweder nachts auf die Jagd oder auch tagsüber, wenn Treibjagd ist, aber nicht um diese Zeit, jetzt ist keine Treibjagd. Ich hatte sie voll davon überzeugt. Wir rückten näher zusammen, stießen mit unseren Plastikbecher an und tranken den Sekt.

Ich rückte immer näher an sie heran. Ich merkte, dass sie ein wenig gezittert hatte, aber sie rutschte nicht von mir weg, sondern erwiderte den leichten Druck, wo sich unsere Körper trafen.

Ich schaute sie an, blickte ihr tief in die Augen, kam mit meinem Mund immer näher an ihren und küsste sie ganz zart auf ihre Lippen. Verwirrt, aber nicht abgeneigt hielt sie still und ließ es über sich ergehen.

Ich wiederholte das gleich nochmal und sagte zu ihr: „Mein Gott, was hast du für schöne zarte Lippen?" „Danke dito!", sagte sie und küsste mich dann richtig mit Zunge. Ich war verblüfft, wie gelöst sie auf einmal war.

Wir liebkosten uns eine ganze Weile, bis es anfing, zu regnen. „Was machen wir jetzt?", fragte sie. Keiner von uns hatte einen Schirm dabei. Uns blieb nichts anderes übrig, als abzuwarten, bis der Regen nachlassen würde.

Mir kam das gerade recht. Unsere Streicheleinheiten und Liebkosungen wurden immer mehr. Wir konnten beide nicht mehr voneinander lassen. So hätte ich sie niemals eingeschätzt.

Sie umarmte mich, wir küssten uns sehr leidenschaftlich, ich knöpfte ihre Bluse auf und berührte ihren Busen. Keine Gegenwehr, sondern es kam ein leichtes Stöhnen von ihr hervor.

Ich machte weiter und dann knöpfte ich ihre Hose auf und fasste ihr zwischen die Beine. Ich merkte, dass ihr Slip feucht war. Dann aber hielt sie meine Hand fest und meinte: „Bitte nicht, ich kann das hier nicht, bitte hör auf!"

Natürlich akzeptierte ich das und hörte auf damit. Inzwischen ließ der Regen nach und sie meinte: „Komm, lass uns den Heimweg antreten." Unterwegs sprachen wir kaum ein Wort miteinander.

Ich sagte nur: „Du musst dich nicht schämen, es war doch wunderschön oder nicht?" Sie sah mich an, errötete etwas. „Ja, schon", meinte sie, „aber ich bin das nicht gewohnt, mich so schnell darauf einzulassen."

Zu Hause angekommen, verabschiedeten wir uns und sie meinte: „Lass uns telefonieren. „Aber meine Schwester G. sollte auf keinen Fall davon erfahren." „Nein", sagte ich, „das bleibt unser kleines Geheimnis."

Tags darauf begegnete ich ihrer Schwester G. Sie brachte gerade ihren Sohn zur Bushaltestelle, der die Schulkinder zur Schule bringt. „Hi", sagte sie, „grüß dich, wo fährst du hin?" „Ich muss ins Büro", erwiderte ich.

Ich muss gestehen, ich konnte ihr kaum in die Augen sehen, weil ich ein schlechtes Gewissen wegen ihrer Schwester hatte. Sie wusste zwar nichts davon, aber es ist mir nahe gegangen.

„Du starrst doch immer den Weibern hinterher", sagte G. „Ach Quatsch, ich bin etwas spät dran, ich muss leider los, wir telefonieren", sagte ich und fuhr los. Zwei Tage später traf ich sie zufällig mit ihrem Sohn an der Hand in der Stadt.

Sie sah mich mit ernstem Blick an, begrüßte mich und fragte: „Hast du mir was zu sagen?" „Keine Ahnung, was du meinst!", sagte ich. „Warum fragst du?" „Ich habe bei meiner Schwester deine Telefonnummer gefunden. Hat das etwas zu bedeuten?" Ich sagte: „Am besten fragst du deine Schwester." Mir wurde klar, sie wusste etwas. Ich wollte von dem Thema ablenken und fragte, ob ich sie mit und ihren Sohn nach Hause mitnehmen könnte.

„Okay", sagte sie, „du kommst wie gerufen, dann brauchen wir nicht den Bus zu nehmen. Ich nahm die beiden mit und wir fuhren zu unseren Wohnungen. Sie meinte beim Aussteigen, wenn du mir etwas zu sagen hast, lasse es raus!"

Ich verneinte das und sagte: „Sei mir nicht böse, aber ich muss in mein Büro, habe sehr viel Arbeit von der Firma mitgebracht, die ich heute noch fertigstellen muss." Ich verabschiedete mich und ging in meine Wohnung.

Es stand wieder mal eine Handwerkermesse im Raum. Da mussten alle mit anpacken. Drei Tage zuvor durften wir unseren Messestand aufbauen. Es war ein großer Stand von 100 Quadratmeter.

Wir hatten das mit kleinen Verkaufsräumen unterteilt. Eine kleine Küche war auch vorhanden. Insgesamt hatten wir an unserem Messestand vier Verkaufsräume, der Rest war Ausstellungsplatz.

Hier präsentierten wir unsere Heizkessel, komplette Bäder wurden aufgestellt, ebenso Streuartikel und Präsente, die wir bei einem Kaufabschluss den Kunden mitgaben. Die Messe dauerte eine Woche.

Nach erfolgreicher Verkaufsmesse mussten wir alle Anfragen bearbeiten und danach persönlich dem Kunden übergeben und nach Möglichkeit auch direkt den Auftrag schreiben.

Wir köderten die Kunden und machten den Vorschlag, wenn sie jetzt unterschreiben würden, bekämen sie fünf Prozent Sonderrabatt zusätzlich. Man konnte es kaum glauben, ohne dass unsere Kunden groß nachgerechnet hatten, hatten wir den Vertrag unter Dach und Fach.

Ich musste wieder mal zu einem fünftägigen Seminar nach Freudenstadt im Schwarzwald. Dort trafen sich auch aus anderen Firmen die Verkäufer und Verkäuferinnen.

Es waren immer oder besser gesagt gutaussehende Damen bei dem Seminar. Tagsüber wurde gebüffelt. Man hämmerte uns die Neuigkeiten und Funktion der Artikel ein. Ebenso wurden wir im Verkaufsseminar mit Videokamera geschult.

Viele der dort Anwesenden taten sich schwer, vor laufender Kamera zu sprechen. Der Schulungsleiter spielte den Kunden und wir sollten ihm etwas verkaufen. Der Bursche war ja so ausgebufft und cool.

Wenn er mal schlechte Laune hatte, hatten wir null Chance, ihm etwas visuell zu verkaufen. Da machte er sich einen Spaß, wenn er uns vor den anderen blamieren konnte.

Ich habe mich oft mit ihm angelegt und er meinte nur, ich sollte nicht gackern und mich auf meine Aufgabe konzentrieren. Abends saßen wir dann gemeinsam in der Hotelbar und es wurde immer zünftig gefeiert.

So blieb es nicht aus, den anwesenden Damen, die auch an dem Seminar teilnahmen, näherzukommen. Nach ein paar Glas Wein oder Sekt wurden auch die Frauen lockerer, die sich tagsüber sehr distanziert verhalten hatten.

Dort lernte ich eines Abends an der Bar eine Teilnehmerin namens Eva kennen. Sie war 31 Jahre jung, hatte zwei Söhne und ihren Ehemann. Ich hörte sie eines Abends, bevor sie runter an die Bar kam, wie sie mit ihrem Ehemann telefonierte, „Ach Schatz", sagte sie, „es ist total öde und langweilig hier. Wir wohnen außerhalb einer Stadt. Wenn man dort hinwollte, müsste man einen Kilometer laufen. Ich bin froh, wenn das alles hier endlich vorbei ist."

„So ein kleines Miststück", dachte ich, „sind denn alle Frauen so?" Gerade diese besagte Eva ließ es abends so richtig krachen. Sie hatte immer Minikleidchen oder Röckchen an, enge Blusen, sodass man gut erkennen konnte was darunter steckte.

Wir saßen am zweiten Abend beim Essen nebeneinander. Wir hatten uns nett unterhalten, als sie mich fragte, was meine

Familie (Ehefrau) von den vielen Seminaren hält, wenn ich immer unterwegs sei.

Ich lachte nur und sagte, aber ich habe keine Ehefrau und auch keine Familie. Ich bin glücklich geschieden und bereits seit zwei Jahren Single. „Sie Glücklicher!", meinte sie. „Aber warum" fragte ich, „Sie sind doch auch verheiratet."

„Woher wollen Sie das wissen?", fragte sie mich. Ich entschuldigte mich und sagte ihr, dass ich stiller Zeuge war, als sie mit ihrem Ehemann telefonierte. „Wissen Sie", sagte ich, „die Wände hier im Hotel sind sehr hellhörig. Ist Ihnen das noch nicht aufgefallen?" Sie bekam einen hochroten Kopf und fragte: „Na, was haben Sie denn gehört?" „ch", sagte ich, „es ist nicht nennenswert, nur belanglose Worte wie langweilig und öde es hier wäre."

Ich entschuldigte mich dafür, aber ich konnte ja nichts dafür, dass ich das Gespräch mit ihrem Ehemann mitbekommen habe. Mit einem Mal fing sie an, darüber zu lächeln und sich lustig zu machen.

Das gemeinsame Abendessen war zu Ende und man nahm ein Platz an der Bar ein. Nach ein paar Gläser Sekt sagte sie auf einmal zu mir, man könnte sich doch duzen. „Aber sicher doch", sagte ich, „also stoßen wir mit unseren Gläsern auf du an."

Das Hotel hatte einen Alleinunterhalter bestellt, der schöne Lieder auf seiner Hammond-Orgel spielte und dazu alte Schlager trällerte, die man schön mitsingen konnte. Auch durfte getanzt werden. Nach einer Weile sagte sie etwas angetrunken zu mir: „Weißt du, mein Mann kann alles essen, muss aber nicht alles wissen." Erstaunt sah ich sie an, musste lauthals lachen und gab ihr unverblümt recht für das, was sie gerade sagte.

Somit dachte ich, wenn ich auf ihrer Wellenlänge bin, könnte sie Vertrauen zu mir bekommen. Und genau das war der Fall. Dann hörten wir den Alleinunterhalter durch sein Mikrofon sprechen: „Damenwahl bitte, es ist Damenwahl meine Damen!"

Spontan sagte sie zu mir: „Haste gehört, Damenwahl ist angesagt." Wir gingen auf die kleine Tanzfläche und es kamen langsame, sehr langsame Schlager. Zunächst tanzten wir etwas distanziert, kamen uns aber immer näher.

Unsere Körper rieben sich aneinander. Sie kam immer näher und drückte sich an mich. Ich war natürlich von solch einer Aktion völlig hingerissen. Ich erwiderte ihre Zuneigung, aber so, dass es die Seminarteilnehmer nicht mitbekamen.

Nach fünf Tänzen sagte ich: „Komm, wir gehen an unseren Platz ich habe einen höllischen Durst." Wir setzten uns an die Bar und tranken einen Cocktail, den ich vom Barkeeper zusammenstellen ließ. Im Nachhinein stellte ich fest, der hatte ganz schön Bums und war sehr stark.

Er ließ sich aber gut trinken. Da ich ja Alkohol von unserer Firma zur Genüge gewohnt war, hatte ich schon ein gewisses Standvermögen. Sie hingegen war nach einem Cocktail total betrunken.

Ich bestellte ihr ein Glas Wasser und einen Espresso. Ich bat sie, das zu trinken, damit sie wieder einen etwas klareren Gedanken bekommen sollte. Das machte sie auch, aber der Schwindel im Kopf blieb bestehen.

So bat sie mich, ob ich sie nach oben bringen könnte. „Gar keine Frage!", sagte ich. „Moment, ich trinke mein Glas leer und bringe dich nach oben." Vor ihrem Zimmer angekommen, meinte sie, ob ich noch mit ihr aufs Zimmer gehen könnte, bis sie einigermaßen wieder fit wäre.

„Natürlich", sagte ich und schloss ihr Zimmer auf und wir gingen rein. „Moment mal eben", sagte sie, „ich muss kurz ins Bad." Sie kam und kam nicht wieder raus. Ich klopfte nach zehn Minuten an ihre Badezimmertür.

Ich hörte ihre zaghafte Stimme rufen: „Herein!" Ich machte die Tür auf und sie lag nackt, wie Gott sie schuf, in der Badewanne. „Oh!", entschuldigte ich mich und zog die Tür wieder zu, sodass ein Spalt offen blieb.

„Aber was hast du denn?", fragte sie. „Komm doch rein, oder hast du noch nie eine nackte Frau gesehen?" Das war für mich eine Aufforderung, mit der ich vertraut war. Ich wusste direkt, was die Uhr geschlagen hatte.

Heute weiß ich, dass sie mir an der Bar vorspielte, dass sie betrunken wäre. Das war sie nicht und wieder einmal machte ich eine weitere Erfahrung, wie raffiniert die Frauen sein können.

Ich zögerte keine Minute länger, zog mich aus und stieg zu ihr in die Wanne. Wir fingen ohne langes Vorspiel an, uns zu küssen. Sie war wie ein Vulkan, der zum Ausbruch kam.

Natürlich blieb es nicht aus, dass das Badewasser überschwappte. Ich sagte: „Du, das bringt hier nichts. Die Wanne ist für zwei Personen viel zu klein. Komm wir gehen ins Bett.

Wir trockneten uns ab und kamen kaum ins Bett und schon sprang sie mich breitbeinig an, hielt sich an mir fest, ließ sich langsam nach unten gleiten und nahm meinen steifen Penis und führte ihn bei sich ein.

Dann erreichten wir das Bett und es folgte eine wilde Sexorgie. Sie bekam einfach nicht genug, ich aber war so erregt, dass ich nach kurzer Zeit in ihr gekommen bin. „Gib mir ein wenig Zeit", sagte ich, „dann machen wir weiter."

Wir küssten uns ohne Ende, ich küsste ihren Busen und Bauch, bis ich merkte, dass mein Penis wieder steif wurde. Erneut drang ich in sie ein und wir liebten uns, bis sie sich aufbäumte und einen heftigen Orgasmus hatte.

Wir fielen zur Seite, ich holte uns noch etwas zu trinken. Es war so gegen 23:00 Uhr, da klingelte ihr Telefon. „Oh", sagte sie, „das ist mein Mann, er ruft mich jeden Abend um diese Zeit an."

Sie ging ran und säuselte: „Hallo, mein Schatz, jetzt hast du mich geweckt, ich schlief bereits. Wir hatten einen anstrengenden Tag." Er entschuldigte sich, wünschte ihr eine gute Nacht und verabschiedete sich.

Lachend kam sie wieder zu mir ins Bett. Wir hörten nicht mehr auf, uns zu küssen. Ich vermutete, dass sie von ihrem Mann hinsichtlich der sexuellen Liebe vernachlässigt wurde.

Gegen 01:00 Uhr in der Nacht sagte ich zu ihr: „Du, pass auf, ich gehe jetzt rüber in mein Zimmer, denn morgen haben wir noch einen langen Tag vor uns." Ich küsste sie noch einmal leidenschaftlich und habe mich verabschiedet.

„Schlaf gut!", rief sie mir noch an der Tür zu, ebenfalls rief ich leise zurück: „Ciao!" Ich kam in mein Zimmer, zog mich aus und legte mich ins Bett. Es dauerte keine zehn Minuten und ich muss eingeschlafen sein.

Am nächsten Morgen traf ich sie an dem Frühstücksbuffet. Ich kannte sie nicht wieder, total reserviert sagte sie: „Schönen guten Morgen, schon wach, haben Sie gut geschlafen?"

Ich sah sie an und meinte: „Geht es dir gut, was ist denn los" Sie sagte nur: „Danke, es geht mir super!", und setzte sich an einen Tisch, wo noch zwei Frauen saßen. In diesem Moment verstand ich die Welt nicht mehr.

„Was hat das zu bedeuten?", fragte ich mich. Sie verhält sich total reserviert, ja sogar fremd mir gegenüber. Ob sie sich schämte oder ob sie bereute, was gestern passiert war, ich hatte keine Ahnung. Es gab in der ganzen Situation auch keinen Grund mehr, darüber nachzudenken.

Nach dem Frühstück ging das Seminar so gegen 09:00 Uhr weiter. Es wurden viele Themen angeschnitten und geschult, wie man sich beim Kunden zu verhalten hatte, um sein Vertrauen zu gewinnen.

Zum Mittagessen trafen wir uns wieder in dem Raum, wo auch gefrühstückt wurde. Ich setzte mich an einen leeren Tisch, kurz darauf setzte sie sich zu mir, fragte: „Gestattet?" „Aber sicher doch, nimm Platz!"

„Bitte vor den anderen nicht duzen, ich habe meine Gründe dafür." Im Nachhinein erfuhr ich, dass eine andere Teilnehmerin aus dem Nachbarort kam, wo sie auch her war. Sie kannten sich gut und dadurch war sie so reserviert mir gegenüber.

Nun war mir einiges klar geworden, was ihr Verhalten betraf. Am Abendessen steckte sie mir heimlich einen Zettel zu und setzte sich zu ihrer Bekannten aus dem Nachbarort. Ich las den Zettel und da stand drauf, dass ihre Bekannte uns am Abend zuvor beobachtet hatte, als wir die Bar verließen.

Sie konnte ihr das aber erklären, dass ich sie nur mit nach oben begleitet hätte, da es ihr sehr schlecht gewesen wäre. Aus diesem Grunde hatte sie sich mir gegenüber so verhalten.

Ich sollte sie um 20:00 Uhr mal auf dem Zimmer anrufen. Das tat ich dann auch. Sie flehte mich förmlich an, ihr wegen ihrem Verhalten nicht böse zu sein. Das war nur wegen ihrer Bekannten aus dem Nachbarort.

Sie möchte aber gerne, solange wir noch hier wären und das waren noch zwei Tage, die Zeit mit mir verbringen. Aber so, meinte sie, dass es auf keinen Fall auffallen dürfte.

„Aber natürlich", sagte ich, „bei den anderen verhalten wir uns die zwei Tage noch reserviert und treffen uns abends entweder bei mir oder bei dir." „Lass uns lieber bei mir treffen", meinte sie, „denn mein Mann macht immer den Kontrollanruf."

„Habe ich nichts dagegen, das machen wir so, okay." Die zwei Tage von dem Seminar verbrachten wir abends zusammen und liebten uns wie zwei Teenager. Irgendwie stimmte zwischen uns beiden die Chemie.

Ich musste nur aufpassen, denn in Gesprächen mit ihr war sie sehr eifersüchtig und besitzergreifend. Das käme immer zum Vorschein, wenn sie verliebt wäre. Ich fragte: „Na, sag mal, wie oft verliebst du dich denn?"

Sie meinte: „Im Allgemeinen nie, aber wenn es mal vorkommt, kenne ich kein Pardon." „Oh je", dachte ich, „da musst du aber vorsichtig sein, sie ist ja unberechenbar."

Der letzte Tag war zu Ende. Alle Teilnehmer wurden zu einem Galaessen eingeladen. Alle zogen sich schick an und gingen in den roten Salon des Hotels. Da fanden immer die Galaabende statt. Tolles Essen, Vier-Mann-Kapelle, gemütliche Sessel, runde Tische, alles in allem wurde im vornehmen Rahmen der letzte Abend gestaltet.

Gegen 23:00 Uhr blickte sie zu mir und meinte: „Ich gehe vor, komm aber erst 20 bis 30 Minuten später, damit wir nicht auffallen." Gesagt getan, so gegen 23:30 Uhr gingen weitere Teilnehmer und ich schloss mich an, so konnte ich nicht auffallen.

Ich ging zunächst in mein Zimmer rief sie an und sagte: „In zehn Minuten bin ich bei dir." „Wunderbar", sagte sie, „ich dachte schon, du kommst gar nicht mehr." Nach zehn Minuten klopfte ich leise an ihre Tür, sie öffnete in einem durchsichtigen seidenen Shirt mit einem Stringtanga an.

Mir lief es heiß den Rücken herunter und ich konnte nicht den Blick von ihr lassen. Sie nahm mich bei der Hand und sofort gingen wir ins Bett. Was dort geschah, war wie die Tage zuvor. Eine sehr liebevolle sexuelle Begegnung.

Wir haben uns die ganze Nacht geliebt. Gegen morgen so um 06:00 Uhr lagen wir tief erschöpft eng umschlungen in Bett. Ich erschrak und meinte: „Jetzt muss ich aber gehen, stell dir vor, es sieht jemand, wenn ich aus deinem Zimmer komme."

Ich ging in mein Zimmer, packte meine Koffer und ging erst einmal frühstücken. Wir saßen am gleichen Frühstückstisch. Haben uns nett unterhalten und sie meinte: „Na war es das jetzt mit uns?"

„Muss nicht sein, wir könnten uns ab und an treffen, sofern du das einplanen kannst." Das wäre für sie kein Problem, das ginge immer, wenn sie es wollte, es würde lediglich jetzt an mir liegen, was ich draus machte.

„Okay"; sagte ich, „du hörst schneller von mir, als du denkst." Das Frühstück war zu Ende, wir verabschiedeten uns und jeder ging seiner Wege und trat die Rückreise an. „Tolles Seminar!", sagte ich, als ich am anderen Morgen in die Firma kam.

Auf meinem Schreibtisch wartete eine Menge Arbeit auf mich. Ich arbeitete mich den ganzen Tag durch den Aktenberg und am Ende so gegen 18:00 Uhr war es dann so weit.

Ich war froh, endlich wieder in den Außendienst fahren zu können, denn da konnte ich meine Arbeitszeit einteilen, wie ich wollte, und keiner guckte mir über die Schulter.

Mein Freund, der Hausmeister, war im Karnevalverein, im Komitee. Eines Tages fragte er mich: „Du bist doch ein lustiger Mensch, hast immer einen guten Spruch drauf, solche Menschen brauchen wir im Verein." „Karnevalverein", dachte ich mir, „da bist du wieder eingebunden. Wenn man da beitritt, hat man gewisse Aufgaben zu erfüllen." „Ich werde es mir mal überlegen", sagte ich zu ihm, „was kommt denn da auf einen zu?" „Na ja", sagte er, „das Jahr über treffen wir uns einmal im Monat. Ab September jeden Jahres werden Vorbereitungen für die Dekoration der Sitzungshalle vorbereitet. Da ist einiges zu tun. Dann wird im Dezember eine schöne Weihnachtsfeier nur für den Elferrat veranstaltet. Einige öffentliche Karnevalsitzungen müssen abgehalten werden. Nach Fasching am Aschermittwoch wird die Dekoration wieder abgebaut, alles kommt in unser Lager, dann ist wieder einige Wochen Ruhe!" "Ach so", sagte ich, "das könnte ich ja tatsächlich mal versuchen. Aber versprechen kann ich nichts, ob ich dabeibleiben werde." Er meldete mich beim Vorstand an und ich wurde in den Elferrat aufgenommen.

Es begann eine turbulente Zeit, ich lernte nette Kollegen kennen, unter anderem gab es noch ein Damenkomitee, mit dem wir auch gemeinsame Feiern veranstaltet haben. Es ging alles sehr locker zu in dem Verein.
    Ich ging mit meinem Freund wöchentlich zu Tanzcafés, manchmal sogar zwei- bis dreimal in der Woche. Dort lernte ich viele Frauen kennen. Man sollte es kaum glauben, die Damen waren so etwas von willig, das kann sich kein Mensch vorstellen.
    Ich glaube in den zwei Jahren, die ich mit meinem Freund unterwegs war, hatte ich so etwa 50 bis 60 Frauen kennen gelernt und auch mit allen geschlafen. Es wurde uns Männern sehr leicht gemacht, Damen sozusagen aufzureißen, wie wir das zu sagen pflegten.

Dann war wieder Fasching angesagt. Es verlief wie gewohnt alles super, unser Verein hatte gutes Geld eingenommen und es konnte wieder neue Dekoration gekauft werden. Auch wurden von dem Geld Tagesausflüge gemacht.
    Wie erwähnt, es war Karnevalszeit und unser Damenkomitee hat immer donnerstags zwischen den Karnevalstagen eine Damensitzung veranstaltet. Wir Männer vom Herrenkomitee halfen am Kontrolleingang und waren bei der ganzen Sitzung dabei.
    Oft war gegen 01:00 Uhr nachts die Sitzung zu Ende, danach wurde bis in die frühen Morgenstunden getanzt. Es war so gegen 01:20 Uhr, da sah ich eine junge gut aussehende Dame in weißen Stiefeletten an einem Tisch mit anderen Damen dort sitzen.
    Sie fiel mir zunächst wegen ihren weißen Stiefeletten ins Auge. Als die Musikkapelle wieder anfing zu spielen, ging ich

an ihren Tisch und forderte sie zum Tanz auf. Sie stand auf und wie gingen auf die Tanzfläche.

„Ups", dachte ich, „da hast du ja eine gute Tänzerin erwischt." Wir unterhielten uns eine Weile, dann auf einmal, keine Ahnung was ich mir dabei dachte, ich schob das auf den vielen Alkohol, den ich getrunken hatte, zurück, küsste ich sie zärtlich erst auf die Wange, dann auf ihren Mund. Ich konnte es kaum glauben, sie erwiderte den Kuss und machte voll mit. Die Stunden vergingen, ich weiß nicht mehr, wie viel Uhr es war, bis sie sich verabschiedete

Ich hatte keine Adresse von ihr, nur den Vornamen und wusste, dass sie in derselben Stadt wohnte wie ich. Die Freundin, mit der sie zu der Veranstaltung gekommen ist, war ihre Arbeitskollegin und auch im Karneval beim Frauenkomitee.

Da ich sie unbedingt näher kennenlernen wollte, habe ich mich nach ihr erkundigt und auch Telefonnummer und Adresse bekommen. Soweit mir bekannt war, hatte sie in einem Supermarkt eine führende Stelle.

Wie das so oft der Fall war, hatte der Geschäftsführer mit ihr ein Verhältnis. Irgendwann waren die beiden aufgefallen und wurden beide entlassen. Er war um einiges älter als sie.

Ich unternahm alles, um mich mit ihr zu verabreden. Unser Karnevalverein machte stets nach der Kampagne mit allen Aktiven ein zünftiges Grillfest. Hierzu habe ich sie eingeladen.

Nach dem Grillfest gingen wir zu mir in meine Wohnung. Da habe ich zum ersten Mal mit ihr geschlafen. Was mich etwas gestört hatte, war, sie wollte nicht bei mir bleiben, sondern ich musste sie frühmorgens so gegen 05:00 Uhr nach Hause fahren.

Die Zeit verging, man lernte sich immer näher kennen und unternahm auch einiges miteinander. Eines Tages erwähnte sie, dass sie nicht länger in unserer Stadt leben möchte, weil da die Arbeitsbedingungen für sie nicht gut wären.

Ihr erlernter Beruf war im Hotel- und Gaststättengewerbe. Und da war die Nachfrage in unserer Gegend nicht so groß. Eines Tages sagte sie, sie fährt mit der Bahn in den Schwarzwald, um sich dort in einem Hotel zu bewerben.

Als sie am Abend zurückkam sagte sie, es hat nicht geklappt, worüber ich mich freute. Es hatte aber den fatalen Beigeschmack, die bleibt hier nicht, irgendwann ist sie weg.

Also sagte ich mir, das wird keine Zukunft mit ihr. Ich hatte in ihrer Wohnung einige Töpfe stehen. Eines Tages sagte ich zu meinem Freund: „Gehe doch mal zu ihr und hole meine Töpfe und sage ich, ich möchte nicht mehr."

Das machte dann auch mein Freund. Sie war sehr enttäuscht, hat sich am Abend noch total betrunken und ich hörte nichts mehr von ihr. Im Grunde ließ es mir aber keine Ruhe, denn ich wollte schon, dass sie bei mir bleibt.

Also versuchte ich eines Tages, sie anzurufen. Wir kamen wieder ins Gespräch und danach auch wieder zusammen. Nach fast sechs Monate machte ich ihr den Vorschlag, wenn wir zusammenbleiben, könnten wir uns doch eine Wohnung gemeinsam nehmen.

Ich muss gestehen, ich hatte auf einmal keine Lust mehr, immer auf der Suche neue Frauen kennenzulernen. Ich wollte unbedingt eine feste Beziehung. Nach einiger Zeit war sie mit mir zusammengezogen.

Wir richteten uns zusammen neu ein und gründeten eine feste Partnerschaft. Kurz darauf fand sie eine Arbeitsstelle bei einer Optiker-Firma, die Brillenfassungen herstellte. Nach fast zwei Jahren wurde die Firma geschlossen.

Heiratsantrag

Dann wurde der Polterabend geplant. Da wir mittlerweile beide im Karnevalverein waren und auch sehr viele Freude hatten und auch bei der Nachbarschaft gut angesehen waren, kamen am Polterabend über 200 Personen.

Drei Tage haben wir unseren Polterabend von Freitag bis Sonntag gefeiert Es war wunderbar. Unser Karneval plante das große Poltern. Sie kamen mit einem 30 Tonnen LKW.

In der Mitte der Ladefläche spannte man ein Netz, was man von unten nicht sehen konnte. Es ragten diverse Gegenstände oben heraus, so als wäre der gesamte LKW voller Polter-Gegenstände.

Wir bekamen es mit der Angst zu tun, als der Fahrer den Kipper anstellte. Gott sei Dank stellte sich schnell heraus, dass es nur ein geringer Teil war, der den Kipper befüllte.

Es wurde ausgeschüttet, ich schätze so einen halben Kubikmeter. Den Unrat mussten wir natürlich zusammenfegen. Nachbar und einige Gäste halfen uns dabei und in einer Stunde war alles wieder auf dem LKW.

Dann ging der Polterabend so richtig los. Alle waren rundherum zufrieden. Viele meinten, jetzt ist der F. (ich) endlich unter der Haube. Einige Frauen, die auch da waren, äußerten sich, den F. hätte ich auch geheiratet – und gerade das hörte meine Schwiegermutter.

Zur Hochzeit am Samstag kam die komplette Familie von ihr, mit Cousin, Cousine, Schwester, Schwager, nur von ihr sind 18 Personen angereist.

Von meiner Familie kamen meine beiden Schwestern mit Kindern, mein Onkel und Tante, mein Freund, alle zusammen waren wir eine Hochzeitsgesellschaft von 40 Personen.

Sie zwei 2 Monate arbeitslos, dann wurde in einer Bank im Nachbarort eine Bankangestellte gesucht. Sie bewarb sich dort und wurde auch sofort genommen. Anfänglich fühlte sie sich jedoch sehr unwohl.

Alles war Neuland für sie und eine Kollegin mochte sie anscheinend nicht. Dann spielte sie wieder mit dem Gedanken, dort wegzugehen. Nur mein gutes und nerviges Zureden hat sie dazu bewogen, doch durchzuhalten.

Es wurden 25 Jahre, in denen sie dort beschäftigt war. Aber dazu später mehr. Ich hatte eine gut bezahlte Arbeitsstelle, sie hatte ebenso eine gut bezahlte Stelle auf der Bank. Es ging uns finanziell und gesundheitlich sehr gut.

Wir unternahmen viele Fernreisen, wie z. B. Karibik, Westafrika, Kenia, Kilimanjaro, und lernten im Laufe der Jahre alle Balearen kennen. Auf Gran Canaria waren wir oft. Also alles in allem ging es uns hervorragend.

Ich konnte mir in 20 Jahren 18 Mercedes Fahrzeuge kaufen. Sie hatte auch immer ein schönes Auto. Dann kam der Tag, an dem meine Frau Brustkrebs bekam. Wir waren beide am Boden zerstört.

Dank ihrer Frauenärztin wurde der Krebs früh erkannt. Sie kam in die Klinik, wurde operiert, dann wurde Wochen später bei einer Nachuntersuchung ein weiterer kleiner Tumor in der Brust festgestellt und sie wurde wieder operiert.

Sie bekam sechs Chemotherapien, über 20 Bestrahlungen und der Krebs wurde besiegt. Ich muss sagen, bei allen Bestrahlungen und bei jeder Chemotherapie, überall, habe ich meine Frau begleitet.

Auch als sie dadurch ihr kompletten Haare verloren hatte, stand ich voll hinter ihr und sagte: „Mein Gott, das sind doch nur Äußerlichkeiten, die wachsen schon wieder." Und so ist es auch gekommen.

Einmal hatte ich in unserer Ehe einen Ausrutscher mit einer Frau, was ich bis heute zutiefst bereue.

Das war für mich absolut keine Liebe, sondern mein früherer Lebenswandel hatte mich eingeholt und ich meinte, etwas zu versäumen. Als ich wieder klar im Kopf wurde, habe ich das natürlich beendet und mich bei meiner Frau in aller Form entschuldigt.

Dann hat meine Frau den weißen Hautkrebs bekommen. Der wurde erfolgreich wegoperiert, Ein Jahr später kam er an einer anderen Stelle zurück, auch hier wurde er früh genug erkannt und ebenfalls wegoperiert.

„Mein Gott", dachte ich mir, „was habe ich ihr da angetan? War es das wert, meine Ehe aufs Spiel zu setzen?" Ich hätte einige Gelegenheiten im Laufe meiner Ehe gehabt, fremdzugehen, aber ich sagte mir: „Nein, nein und nochmal nein."

Meine Frau kann das bis heute nicht vergessen, aber sie hat mir vergeben und wir sind zusammengeblieben. Mittlerweile über 40 Jahre. Aber dazu später mehr. Der Krebs war besiegt und unser Leben ging weiter.

Dann kauften wir uns unsere erste Eigentumswohnung. Wir richteten sie nobel her und kauften – wie schon so oft – neue Möbel. Es war so eine Macke von mir und meiner Frau, neue Möbel zu kaufen.

Nachdem wir dort drei Jahre gelebt hatten, ergab sich für uns eine super Gelegenheit. Ein älteres kinderloses Ehepaar hatte auf einem Grundstück von 800 Quadratmetern ein kleines EFH – stehen. Auf dem Grundstück gab es noch einen Mittelbau, der als Stall genutzt wurde.

In der Mitte des Grundstücks stand noch eine Scheune. Durch Zufall kam ich dahinter, dass die älteren Besitzer ein Paar suchen, das sie später einmal betreuen würde. Dafür bekämen sie das gesamte Anwesen.

Eines Tages rief ich dort an und man verabredete sich. Wir fuhren Tage später dorthin und haben darüber gesprochen. Man war sich auf Anhieb sympathisch. Wir luden das Ehepaar zu uns zum Essen ein und der Eigentümer meinte: „Kommt, zieht zu uns, ihr könnt die Scheune ausbauen."

Das hörte sich verlockend an, aber ich sagte: „Das müssen wir, bevor wir anfangen zu bauen, notariell festhalten. Vorher bewege ich dort keinen Stein." Gesagt getan, man vereinbarte einen Notartermin und brachte das alles zu Papier.

Das gesamte Anwesen wurde auf uns übertragen, mit Einsitzrecht der vorigen Eigentümer. Ich setzte mich mit einem Architekten in Verbindung. Es wurde ein Bauplan erstellt und zum Bauamt gebracht und die Genehmigung beantragt.

Nach vier oder fünf Monaten bekamen wir endlich die Baugenehmigung die Scheune hinten aus und zu einem Wohnhaus umzubauen. Eine Baufirma hat sich schnell gefunden, man machte uns ein Angebot und wir kamen zum Abschluss.

14 Tage später fing die Baufirma an, die Scheune bis auf die Grundmauern abzureißen. Bagger rückten an und es wimmelte nur noch so von Bauarbeitern auf unserem Grundstück.

Man fing danach an, zu bauen, während der Bauphase stellte ich mit Entsetzen fest, dass wir gar keinen Keller eingeplant hatten. Ich sagte der müsste aber unbedingt eingeplant werden.

Erneut wurde beim Bauamt ein Nachtrag für den Keller eingereicht und auch ohne große Probleme genehmigt. Da die Grundmauern von der Scheune noch standen, musste die einzelnen Bereiche immer nacheinander unterfangen werden, damit nicht alles zusammen bricht. Dann wurde weiter gebaut. Im Laufe der Bauphase dachte ich mir, man könnte doch das Dachgeschoss zu einer Mietwohnung ausbauen.

Und wieder musste wir das vom Bauamt genehmigen lassen. Auch das ging relativ problemlos. So bewohnten wir zwei Etagen mit 120 Quadratmetern. Offener Kamin, ein weiße Holzküche von über 30.000 DM

Es war schon großer Luxus. Dann war noch der Zwischenbau (Stall) mit zwei Etagen. Ich dachte mir, wenn wir den noch zu einer Drei-ZKB ausbauen, könnte man das später, wenn die alten Leute nicht mehr da sind, vermieten.

Das wäre zu unserer Rente noch ein schönes Zubrot. Da allerdings machte uns der Nachbar große Schwierigkeiten. Aber letztendlich konnten wir es durchsetzen und bauten auch dieses Gebäude aus.

Es grenzte direkt an unser Haus, sodass für die Dachgeschosswohnung und den Seitenbau und zu uns nur ein Eingang nötig war. Wir hatten zwei Treppenhäuser: einen für die Mieter und das andere Treppenhaus war nur für uns.

Nach drei Jahren verstarb erst der Mann und ein Jahr später die Frau, von denen wir das alles erworben hatten. Nun konnten wir im EFH, wo die Verstorbenen gewohnt hatten, auch alles neu machen und ebenfalls vermieten.

Als alles fertig war, hatten wir zwei Wohnungen und ein Familienhaus zu vermieten. Die gesamten Mieteinnahmen beliefen sich auf 2.000 DM monatlich. Durch die Mieteinnahmen zahlten sich die Hypotheken alleine ab und es blieb noch einiges übrig.

Der böse Nachbar nebenan machte uns aber ständig große Probleme. Es gab einfach keine Ruhe. Er beschimpfte meine Ehefrau, wenn sie morgens zur Arbeit fuhr. Lief ihr ins Auto und beleidigte sie aufs Schlimmste.

Wenn wir beide aus dem Haus waren, warf er Erde und Sand von seinem Grundstück auf unseren Balkon. Er warf Dreck in unser Schlafzimmer, dessen Fenster auf Kipp stand usw.

Die Polizei konnte uns leider nicht weiterhelfen. Denn wir brauchten Beweise und die hatten wir nicht. Wir zeigten ihn an, es kam zur Gerichtsverhandlung, doch alles vergebens.

Eines Tages traf ich ihn, als ich mit unseren Golden Retriever im Feld spazierenging. Er kam mir auf seinem Fahrrad entgegen. Ich stellte mich ihm in den Weg, sodass er absteigen musste.

Er bettelte auf einmal: „Ach, lass mich doch zufrieden. Ich will ja gar nichts von dir." „Ach so", sagte ich, „jetzt auf einmal geht dir der Arsch auf Grundeis." Ich holte aus und schlug ihm zwei Zähne aus.

Ich sagte: „Solltest du noch einmal meine Frau beleidigen oder uns weiterhin Schwierigkeiten machen, bekommst du eine weitere Abreibung von mir, die du niemals vergessen wirst."

Es kam, was kommen musste, er zeigte mich an, hatte aber so wie ich auch immer keinen Beweis. So wurde die Anzeige zu den Akten gelegt. Von da an hat er sich nicht mehr getraut, irgendwelche Gemeinheiten gegen uns zu starten.

Zwei Jahre nach dem Vorfall ist auch er verstorben. Dann kamen ständig Zahlungsaufforderungen der Gemeinde, dass wir uns an den Kosten neuer Straßen Sanierungen beteiligen müssten.

Das waren mal 3.000 DM, dann wieder mal 4.000 DM und so ging das weiter. Das Finanzamt hielt auch die Hand wegen unseren Mieteinnahmen auf. Eines Tages sagte ich zu meiner Frau: „So hatte ich mir das nicht vorgestellt."

Dann hatten wir teilweise Ärger mit den Mietern. In das neu renovierte EFH war eine alleinstehende Frau mit fünf Kindern eingezogen. Eines Tages verlor sie ihre Arbeit und konnte die Miete für das Haus nicht mehr bezahlen.

Ein anderer Mieter in der Dachgeschosswohnung hatte in die neue Badewanne, es war ja ein Erstbezug, einen Hammer fallen lassen, sodass das Email der Wanne abgesplittert ist.

Wir hatten nur Kosten und von den Mieteinnahmen blieb kaum etwas hängen. Eines Tages sagte ich zu meiner Frau: „Was du davon, wenn wir das ganze Anwesen verkaufen und uns ein EFH kaufen, nur für uns beide? Wir können es versuchen, ob sich für ein so großes Anwesen jemand findet." Wir hatten dann einen Makler beauftragt, der alles verkaufen soll. Es kamen viele Interessenten. Eines Tages kam er mit einem jungen Bankangestellten, er war 26 Jahre alt zu uns, der großes Kaufinteresse hatte.

Schließlich einigte man sich auf eine Summe zwischen 500.000 und 600.000 Euro. Und so wurde unser schönes Anwesen verkauft. Wir kauften uns im Hunsrück ein Traumhaus von 180 Quadratmetern. Ein Areal von 700 Quadratmetern.

Dort wohnten wir fünf Jahre. Dann ging das Gleiche los wie früher, wir sollten uns an Straßensanierungen beteiligen. An Straßen, die mit uns gar nichts zu tun hatten. Die befanden sich am anderen Ende des Ortes.

„Nein", dachte ich mir, „jetzt habe ich aber die Nase voll." Hinzu kam, dass in dem Ort nur der Schulbus fuhr und wenn man einkaufen wollte, war man auf das Auto angewiesen. Und so überlegten wir uns, wieder nach Rheinhessen umzuziehen.

Wir beauftragten wieder einen Makler und verkauften das Haus so und machten noch 10.000 EUroGewinn dabei. In der

Zwischenzeit sagten wir uns, eine Eigentumswohnung würde uns genügen.

Also gingen wir abermals zu einer Maklerin und sie besorgte uns eine ETW von 80 Quadratmetern in meiner Geburtsstadt. Nach gut einem Jahr kauften wir eine zweite ETW und vermieteten sie.

Nachdem wir nach einem Jahr erneut zur Kasse gebeten wurden, weil irgendwo in der Stadt Straßen saniert wurden, stand für uns fest: alles verkaufen und nie mehr Eigentum.

Da wir beide kinderlos sind, dachten wir: „Für wen das alles?" Die beiden ETW wurden verkauft, wir mieteten uns eine schöne Drei-ZKBB plus Garage im Limburger Raum an, lebten eine sehr harmonische Ehe, verreisten viel.

Nachteil: Nun lag das viel Geld auf der Bank und man bekam keine Zinsen dafür.

Ich kaufte uns einen Luxus-Audi, der wurde uns vorm Haus nachts gestohlen. Ich kaufte später wieder ein Luxusauto, mit Diebstahlsicherung.

Mittlerweile sind wir 42 Jahre verheiratet, gesundheitlich geht es uns super. Wir sind Tag und Nacht zusammen, verstehen uns gut und genießen das Leben. Dieses Jahr werde ich 73 Jahre alt und dachte: Ich schreibe mal ein Buch über mein Leben.

Vielleicht kann ich dann einiges besser verarbeiten und ich glaube, das ist mir auch gelungen.

FJK

DER AUTOR

Der 1947 in einer Kleinstadt im Taunus geborene F.J.K. absolvierte nach dem Hauptschulabschluss eine Lehre und anschließend eine Weiterbildung zum kaufmännischen Angestellten. Er war jahrelang als Verkaufsleiter in einem großen Konzern tätig. In seiner Freizeit liebt F.J.K. es, Tennis zu spielen oder zu tanzen. Außerdem interessiert er sich für Computer. Zu seinen besonderen Fähigkeiten zählen Organisieren und das Leiten von Gruppen – das kam ihm auch in seiner beruflichen Laufbahn zugute.

Aufgrund der sensiblen Materie, die er in diesem Buch behandelt, hat sich der Autor zur Verwendung eines Pseudonyms entschlossen.

DER VERLAG

VINDOBONA
VERLAG SEIT 1946

ein Verlag mit Geschichte

Bereits seit 1946 steht der Vindobona Verlag im Dienst seiner Bücher und Autoren. Ursprünglich im Bereich periodisch erscheinender Journale tätig, präsentiert sich der Verlag heute als kompetenter Partner für Neuautoren am deutschen, österreichischen und schweizerischen Buchmarkt. Engagement, Verlässlichkeit und Sachverstand – das sind die Grundpfeiler, auf denen der Verlag seit jeher sicher steht.

Sie möchten mit Ihrem Werk das vielseitige Verlagsprogramm bereichern? Der Vindobona Verlag garantiert Ihnen eine professionelle Prüfung Ihres Manuskriptes durch das Lektorat sowie eine zeitnahe Rückmeldung.

Genauere Informationen zum Verlag
finden Sie im Internet unter:

www.vindobonaverlag.com